学在竺院系列丛书

竺院学子"竞"芳华

浙江大学竺可桢学院 编

ZHEJIANG UNIVERSITY PRESS
浙江大学出版社
·杭州·

图书在版编目（CIP）数据

竺院学子"竞"芳华 / 浙江大学竺可桢学院编. —
杭州：浙江大学出版社，2022.11
ISBN 978-7-308-23252-4

Ⅰ. ①竺… Ⅱ. ①浙… Ⅲ. ①高等学校－科学
技术－竞赛－经验－杭州 Ⅳ. ①G644

中国版本图书馆CIP数据核字（2022）第213364号

竺院学子"竞"芳华

浙江大学竺可桢学院　编

责任编辑	季　峥　潘晶晶	
责任校对	王　晴	
封面设计	林智广告	
出版发行	浙江大学出版社	
	（杭州市天目山路148号　　邮政编码　310007）	
	（网址：http：//www.zjupress.com）	
排　　版	杭州林智广告有限公司	
印　　刷	杭州高腾印务有限公司	
开　　本	710mm×1000mm　1/16	
印　　张	10.00	
字　　数	153千	
版 印 次	2022年11月第1版　2022年11月第1次印刷	
书　　号	ISBN 978-7-308-23252-4	
定　　价	68.00元	

编 委 会

前言

当代大学生拥有非常充沛的教学资源支持和科研竞赛机会，但如何根据自身条件对以上资源加以利用依然值得进一步探索。大学教育强调知识、素质、能力、人格并重，呼吁新时代大学生"自我管理，自我教育，自我服务，自我学习"。学习背景相似、学习资源相同的优秀学长能给新生初步探索大学生活、适应新学习阶段提供最好的帮助。浙江大学竺可桢学院历来重视对学生学术素养的培养，学科竞赛更是点燃学子学术热情的重要途径。为此，竺可桢学院邀请了此前在数学建模竞赛、程序设计竞赛、机器人设计竞赛等诸多竞赛中有突出表现的同学分享经验。

本书记录整理了在大学期间取得优异的科研与竞赛成绩的优秀竺可桢学院同学的学习经验，目的在于探索科学的学习方法，探寻正确的科研规律，总结"以赛促学"的成长经验。本书可为广大大学生提供帮助和指导。

百舸争流处，奋楫者当头。希望这本书可以为大学新生树立正确的学习观念、有效利用教学和竞赛资源、投身科研实践提供一些帮助和支持。

目 录

深耕梦想，拥抱未来

张皓祥

简介

姓名：马琪

平台：2017级竺可桢学院神农班

专业：植物保护

标签：科研、竞赛、社会实践

◎ 一、专业学习

马琪的主修专业是植物保护。这是浙江大学农业与技术学院中研究对象最为广泛的专业，涵盖昆虫、作物、真菌、细菌、病毒、农药等研究对象，学生也因此有更为多样化的尝试和选择。对于专业，马琪并不是盲目选择的。相反，她有自己的考量。她推后了选择的时间节点，在对专业有更深入的了解和接触之后才确定了自己的研究对象和研究方向。

陈子元院士给神农班的班训就是"兴本为民，达济天下"。马琪认为，通过科学的方式帮助农民应对天灾人祸、保障粮食产量和粮食安全是尤为基本的任务，而植物保护在这一方面能够很好地做出贡献。

在她看来，植物保护专业的要求大体上与其他专业一致，需要学生坚持积极上进、脚踏实地的精神，按照培养方案认真修读课程。由于植物保护专业在大二暑假和大三暑假会安排小学期实践，她建议同学们尽量在大一、大二完成个性课程和通识课程的修读，并利用好寒假时间进行TOEFL等语言考试。对于大一寒暑假，她建议多参加社会实践活动，但要留意查看所属学院对社会实践的计分方法等细节内容。在大二寒假，同学们就可以开始准备语言考试，或者拿出完整的一个月时间去感兴趣的实验室学习。在大三寒假，如果同学们准备出国，就最好把语言考试考到合适的分数。大三暑假尤其重要，因为这是暑研（出国）和夏令营（保研）的时间。

要想学好，刻苦努力是少不了的。在学业上，马琪通过超强的规划能力把个人学习生活安排妥当。首先，她认为同学们需要在每个学期第一周搞清楚所有课程的考核方式（计分方法）和考核时间，并且利用cc98等平台收集往年试卷等资料，这样可以少花时间自己整理资料。

在修读课程时，由于课程压力大，马琪认为同学们需要先划分好各门课程的重要程度，再分配时间。以她自己为例，她大二下学期有28学分的课，每周有38课时，功课相对较多。面对繁重的学业，她先把自己的主修专业课程列了出来，共有5门课程20学分，这些是需要争取满绩的课程。她也养成了每周预习和整理笔记的习惯，有时候来不及细致复习，也会把每一章的知识点梳理好，方便期中、期末复习。其他课程还有专业选修课、个性课和体育课。专业选修课以论文和课题展示的形式进行考核，所以一般在考核前一两周才会花比较多的时间进行准备。她选的个性课是Python，平时认真完成作业，考前看书复习即可。

在执行时，最重要的是时间管理。马琪会在求是潮的课表上先把课程的任务和结束时间添加上去，然后把自己的学习计划和实验计划加上去。

实际执行时，马琪还会制订更为详细的计划，比如植物生理学第7章复习并完成该章的大纲整理（可以先找学长学姐要一份之前的大纲，然后学一章整理一章），基础昆虫学第5章预习。有时候她会直接写出页码，方便执行。

关于零散时间的利用，她认为比较方便的是背单词，只要带着手机就可以背。她推荐了anki这个应用程序，手机和电脑端可以同步，还可以自己制作知识卡片并在零碎时间进行复习抽背。

关于学习环境，马琪推荐在图书馆或自习室自习，因为大家一起学习会对个人有比较强的督促作用。学习的时候把手机放在旁边，如果突然想到有什么事情要做，她会先写下来，等到休息时间集中处理，而不是几分钟就看一次手机。

二、竞赛心得

在竞赛方面，马琪也颇有心得。要想了解自己可以参加什么竞赛，可以登录浙江大学本科生科研训练与学科竞赛管理系统（http://kyjs.zju.edu.cn/kyxl），里面有《浙江大学本科生学科竞赛项目认定》的文件，从中可找到与自己专业对口的竞赛有哪些。

选定竞赛后，就要进入准备阶段，这里需要做一定的权衡。马琪当时是在了解到iGEM（国际基因工程机器）竞赛整个流程比较漫长后，把自己不是必须在大二上学期修读的课退了，为竞赛留出了较充裕的时间。

马琪建议不要抱着"必须完全准备好了再去尝试"的想法，而应该大胆一点，先试一试。以她个人经验为例，iGEM竞赛需要合成生物学的知识，她是靠自己看推荐的教材自学的，而且她当时还在进行生物化学课程的学

马琪参加比赛

习，分子生物学基础并不是很扎实，但是边学边用，反而促进了她后期相关学科的学习。

而对于竞赛所需要的技能，她认为比起学科知识，更需要尽早掌握的是学术类PPT制作与展示、分工与协作的能力。这些在大学的很多课程中都会有锻炼的机会，可以在平时的课程任务中有意识地锻炼自己的能力。

当然了，竞赛也是一个有舍有得的过程。她坦言，在准备iGEM竞赛的几个学期里，基本没有修读通识课，所以她建议大家在大一和大二上学期可以多修读一些通识课和个性课，以防竞赛和学业冲突过大。

因为竞赛是团队协作，在安排时间时，马琪会优先安排竞赛需要的时间，然后才会见缝插针地学习。对于时间冲突问题，她鼓励同学们不用担心，因为一般竞赛不会占用上课时间。等到正式比赛的时候，请假几天一般老师都会允许，并不会影响平时成绩。平时课后学习的时间，只要能合理计划并比较严格地执行就可以了。她调侃竞赛占用的并不是学习的时间，而是平时娱乐的时间。

◎ 三、科研经历

对很多学生来说，科研最难的是入门，对此马琪也有一些经验分享。她始终贯彻"不懂就学，不会就问"的理念，不要不懂装懂。对于科研，也需要有目标性，在开始课题前先搞懂自己要做什么、为什么要这么做。

平时做实验时，如果学长说得太快了，马琪就告诉他自己没记住，能不能写下来；学长教完之后，自己复述一遍，

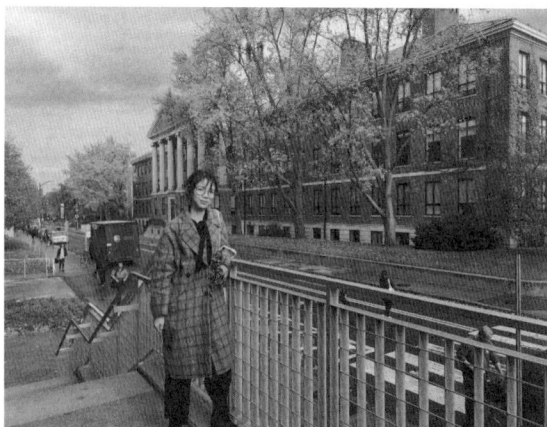

马琪在哈佛大学

确认无误后再继续做。在她看来，实验操作一般都是程式化的，每天把新学的实验操作记下来，多练几次后一般都能掌握。

她也提醒同学们做科研时需要在实验室多花时间，可以的话争取一个工位。平时在等待时也可以看看别人在做什么、讨论什么，这其中也会学到挺多小技巧。同时，要定期向导师、学长学姐汇报一下进度，从而督促自己。

科研路并非一帆风顺，面对实验失败，如何自我调节显得十分重要。马琪鼓励我们要保持平和的心态。导师曾对她说，挫折是长时间存在的，此时自我调整显得更加重要。每次兴冲冲地找导师聊天，马琪都会把当时的状态写下来，以后遇到挫折的时候可以看一看，给自己提提士气。

如果一段时间实验不顺利，也需要找到调节方法。比如，可以把实验先停一停，看看实验笔记，整理一下思路，看看是不是有什么地方出错了（比如拿错材料、配错试剂之类的），也可以和其他同学聊一聊（比如有时候可能是因为试剂盒不好用，换一个厂家的试试可能就成功了）。

马琪还自嘲道：她这个人的脑袋比较"铁"，即使连续失败几次，也会一直尝试，不会有很强的挫折感。当心情实在差时，她会休息一两天，回家或者出去玩一下。

她也提供了一些降低实验失败概率的方法。比如说，做实验要细致，预实验也要做好实验笔记，能一次做好的实验不要有"不行就明天再来一遍"的想法。她强调做科研需要尽量保证实验的连续性，因为有时候可能就是材料放久了导致实验失败，能尽快做的实验不要放两三天再做。另外，试剂分装，尽量不共用，以防出现污染。

面对未来，马琪早已做好准备，保持一颗探索的心，在生物探索的路上稳步前行，张开怀抱，拥抱属于自己的美好人生。

学长寄语

怀仁辅义，慎终如始。

会当击水三千里，自信人生二百年

邓宇真

简介

姓名：许诗蕊

平台：2018级竺可桢学院神农班

专业：园艺

标签：科研、竞赛、志愿者活动、社会工作

  没有人的成功是偶然的，在那些耀眼的成绩的背后，是不为人知的汗水与努力。我有幸采访了2020年浙江大学卓越奖学金得主许诗蕊，在她的言语中去感知奋斗路上的艰辛与快乐，去探寻提升自我、追求卓越的方法与途径。

◎ 课内学业：读书不觉已春深，一寸光阴一寸金

  生活的理想是理想的生活，学习亦如此。

  许诗蕊认为，学习的动力来源于她对理想的生活状态的追求。而理想的生活状态主要从以下两个角度来评判：一方面，从实用性的角度来看，她希望能达成自己学业成绩上的目标，为今后提供更多选择的机会，而不是由于水平受限而使自己处于"被选择"的尴尬境地；另一方面，从理想主义的角度而言，学习让她获得心灵上的满足感，尤其是当她把所学应用到实际中的时候。

许诗蕊认为真正享受学习、高效学习的两个关键点分别是主动性和互利共赢。

她说，一方面，在大学期间没有人会督促你学习，只有积极主动，保持对于知识的好奇心，才能潜下心去钻研这门课。或许课堂上老师的讲述较快，因此我们需要在课后对比较重要的、个人很感兴趣的知识点进行深入的研究和详细的梳理。另外，她还强调，主动搭建每门课程的思维框架也是十分重要的。搭建思维框架有助于我们理清知识点之间的联系，让我们对整门课程的重点有把握，也有助于我们在结课后及时回顾知识点。就具体的搭建方法而言，她认为大可不必拘泥于形式，既可以用思维导图辅助梳理，也可以用笔记本来梳理。

另一方面，互利共赢是指找到学习的伙伴，一起深入讨论问题、分享学习资料、参加学科竞赛等。"三人行，必有我师焉"，与同伴一起学习不但可以起到勉励自己、督促自己的作用，而且能从他们身上学到很多书本之外的东西。

除了主修的园艺专业以外，许诗蕊还有辅修的英语专业。谈到自己如何在繁多的学习任务与丰富的课外活动之间游刃有余时，她强调要合理安排时间并提高自己的时间利用效率。她认为，如果有书面做计划的习惯是好的，但是她更加习惯于在脑子里做计划，方便根据一天内事情的变化时刻调整计划，合理安排时间。许诗蕊还特意指出，她每天会安排两个时间点来对自己一天、一周的事情进行规划，其中一个固定的时间是早上，另一个则因时而定。除了规划之外，她认为更重要的一点是需要把握事情的优先级，明确哪些事情对自己来说是急迫且重要的。而这就需要我们明确自己在大学期间的目标与定位，大致的类型有科研型、社会工作型、社团型几种。但是无论将自己定义为哪种类型，都要建立在夯实自己课业的基础上，只有通过勤奋学习为自己打下深厚的知识基础，才能在自己热爱的道路上走得更远。

◎ 志愿者活动：随风潜入夜，润物细无声

"来到大学，学习固然重要，但是投身学校社团活动和社会实践活动来历练自己也是大学的一门必修课。"

谈到自己的志愿者工作，许诗蕊说道，大学期间，志愿者活动种类多样，数量丰富，但是有价值的较少。在刚进入大学期间，由于强烈的好奇心，我们可能希望每一项都尝试，但是随着对自己短期目标的明确，我们就会逐渐明白，选择志愿者服务不是为了学分去滥竽充数，而是为了找到一份有价值、真正适合自己的活动。只有这样，我们才能真正体会到用辛苦付出换回的经验增长与阅历丰富是多么的可贵。

许诗蕊还提到了她个人的选择偏好，她选择的志愿者活动多为公共场馆讲解以及支教等信息传导型的工作，而这些活动使她具备了一定的讲解能力和技巧，这些为她后来组织与自然博物馆合作的科普活动以及成功加入浙大于子三宣讲团积累了经验。许诗蕊还强调，规格较高的综合性赛事或活动也能在较短的时间内开拓我们的视野。比如，她在"互联网+"创新创业大赛中担任国际赛道场内志愿者，在参与赛事筹备、观看展演的过程中汲取了一些创新创业方面的信息，为她日后目标的明确和道路的选择提供了重要的帮助。

许诗蕊支教

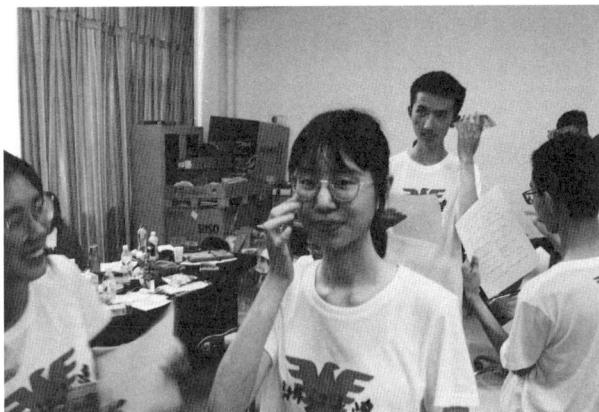

许诗蕊参加志愿者活动

◎ 科研之路：路漫漫其修远兮，吾将上下而求索

与单纯地分享自己的科研经历不同，许诗蕊更多的是介绍自己的经验。她认为要想良好地完成自己的科研任务，在科研之路上行稳致远，最重要的一点就是要明白：在科研之前，你要具有对新事物的好奇心、接受新事物的勇气和制订计划的能力。科研的过程其实是将输入的信息转化成新的输出，因此，科研必须先确定自己的研究兴趣，对某一个领域的充分了解就是输入；其次，需要确定研究对象，批判性地理解研究对象；最后，需要分析计划的可行性，这个阶段需要和导师、学长学姐多交流，进行相应的调整。

◎ 竞赛之旅：长风破浪会有时，直挂云帆济沧海

许诗蕊有着丰富的竞赛经历。她的竞赛信息主要是通过学校的科研竞赛网站，学院、辅导员发布的信息，以及同学、学长学姐的推荐等途径获得的。许诗蕊重点介绍了她参加过的iGEM竞赛："除了科研的硬实力之外，比赛更需要的是软性的可迁移技能。由于比赛的理念是比较前沿的、与时俱进和学科兼容的，所以更多的是需要我们在组建团队、设计项目的过程中不

许诗蕊在iGEM备赛中

断学习。可迁移技能主要是指学习能力（文献检索、实验设计、跨学科学习、创新能力等）和团队合作能力（表达沟通、随机应变等），这种能力尤为重要。这种比赛更加看重一个人的综合素质，而不是某一项技能。比如在比赛中负责人文实践的我，对生物设计也必须是深入了解和掌握。在iGEM竞赛中，我们分为湿队和干队。湿队负责生物实验的设计，需要对分子生物学的理论和实验操作有一定的基础；干队负责建模、网页制作等，欢迎具有各学科背景的同学加入。"

◎ 奖学金评定：问渠那得清如许，为有源头活水来

许诗蕊有过多次获奖的经历。提到获得奖学金的经验，她认为，评奖学金最忌讳的就是过于功利。她说："在大学，有对奖学金的追求是好事，有一定程度的功利想法也是正常，因为毕竟奖学金是荣誉，是对个人努力的肯定，但是如果在平常生活中被奖学金的各种条条框框给限制住，在每次选择的时候都想着怎么做才能完成奖学金的某项指标，那就很辛苦，反倒会压力倍增。"事实上，奖学金的评比是鼓励同学们在保证学业成绩的同时，发展自己的爱好。比如，有些同学爱好文体；有些同学在学生工作中大放异彩；

有些同学热衷于科研创新，并取得了不错的成绩。许诗蕊说道："在发展自己爱好的同时，你自然会想到将爱好做到极致，将爱好上升为特长；当爱好成为特长的时候，你自然会去追求更高的成就。最后，奖学金只是反哺你的努力的一种形式。"

许诗蕊认为，奖学金面试最大的技巧就是"真"——一是真实，二是真诚。真实当然包括把自己的全方位特质充分展现，不虚无，不吹嘘；真诚则是指能把自己的所思所想，成长点滴也好，奋斗史也罢，以及各阶段的目标，有条理地向他人传达。奖学金真正的决定因素还是硬实力，你的内核决定了你的外在，只有让老师充分了解到你的内在优势与潜能，才能为自己奖学金的成功评定打下坚实的基础。

学习与生活的轨道源于个人的选择和追求，我们没必要全程按别人的意见和学习习惯做，但应该学会了解别人并且学习其优点。最后，以许诗蕊的一句话做结："希望浙大学子们能够积极乐观地接受成败，从容自洽地面对得失。"

黑白点缀炫彩人生

丛箫言

简介

姓名：严子莹

平台：2018级竺可桢学院神农班

专业：应用生物科学

标签：围棋

无数的荣誉与近乎完美的成绩或许在大多数人的心中属于终日埋首于书本的"书呆子"，属于天赋异乎常人的奇才，但在严子莹身上，我们看到了全面发展，乐观向上，智商、情商双高……

◎ 一、效率是学习之母

10余门课程满绩，38门课程绩点4.5+，均绩位列大类第一……大多数同学看到她学业上如此辉煌的成就，都会在心里猜测：这就是"卷"王！但严子莹从来不是一味地靠刷题战、时间战"卷"为学霸，自律的作息、规律的计划安排、高效的听课自习、适时的复习探讨……点滴习惯都在诠释着效率才是学习的第一要义。

1. 自律的作息

大家不妨停下来思考几分钟，试问自己几个问题：

（1）初中的你几点睡觉，几点起床，是否规律午休，午休多长时间？

（2）高中的你几点睡觉，几点起床，是否规律午休，午休多长时间？

（3）大学的你几点睡觉，几点起床，是否规律午休，午休多长时间？

（4）大学的你是否还会像高中一样每天给自己一定的学习任务？是否还能坚持每天学习？是否还有预习、复习、主动讨论问题的习惯？

当你第一次问自己这些问题的时候，你会感到前所未有的惊诧！

很多同学，包括我自己在内，在上了大学后很快就抛弃了原有的规律作息，睡觉时间一拖再拖，渐渐从昨天睡今天起变为今天睡今天起，午休时间也被一再"稀释"。失去了强制的教规约束，隐藏多年的中高考压力亟待释放，玩的愿望渐渐压制了学习的自律，但当经过考试，发现学习成绩不似从前般优秀的时候，焦虑也会随之而来……如此恶性循环或许是一个极端，但它带给我们的思考不容忽视！

而严子莹用自己每天的习惯诠释着自律。严子莹从不熬夜，始终保持健康作息。她认为每天保证规律的作息会让自己精气神十足，让自己在白天的学习中更能集中注意力，事半功倍。同时，规律的作息也会让自己的生活变得井井有条、有节奏感，最大程度地降低了手忙脚乱的可能性。当这一小细节成为生活中自然的习惯后，你会在不经意间发现生活是掌控在自己手里的。近乎所有的成功人士身上都有着一个相同的特质：自律！所以，无论过往如何，希望大家在读到本文后，能够规律作息，自律生活，做自己人生的主人！

2. 规律的计划安排

大家不妨再次停下来思考几分钟，试问自己几个问题：

（1）中学的你是否会对自己一天的学习做计划安排？

（2）大学的你是否会对自己一天的学习做计划安排？

严子莹在图书馆

（3）中学的你是否会用备忘录

等来记录要做的事？

（4）大学的你是否会用备忘录等来记录要做的事？

很惊讶吧，你过去的好习惯竟然渐渐消失！

很多同学到了大学后都会不自觉地抱怨道："锅"怎么这么多，事情怎么这么繁杂，我怎么又忘记了截止日期……但这个时候我们可以问问自己：是不是自己的计划安排能力下降了呢？

担任上海大学生围棋联赛主席、神农1801班团支书，曾任团委学生助理、云峰学生会干事、紫金港团工委干事，严子莹的学生工作或许比大多数人都要多。也许你会疑惑："为什么我终日有干不完的工作，导致没时间学习，而严子莹却能在如此多的工作中保持优异的学习成绩？"

面对同样的挑战与困难，严子莹不会消极抱怨。她喜欢在几天前就做好规划，规划不必过细，但要给突发情况留出机动时间；将时间分块，专注于某件工作或某一科的学习，尤其是要利用好零碎的时间，摆脱手机依赖症。时间就像海绵里的水，利用好点滴时间，学业与工作也并非无法调和。

3. 高效听课，适时复习

大家不妨再度停下来思考几分钟，试问自己几个问题：

（1）中学的你是否认真听课、完成作业、进行课后复习？

（2）大学的你是否认真听课、完成作业、进行课后复习？

（3）大学的你是否会在上课或自习时不经意地拿起手机，学习5分钟，手机2小时？

（4）最近几次作业有没有认真对待？

读至此，我想很多同学都会沉默，从何时起，"水"课、"水"作业成了我们的习惯？很多时候不是课程难度大到我们无法理解，而是我们对学习的态度不再端正，投入的精力不足以产出理想的成绩。

严子莹认为，优异成绩的取得最重要、最基础的依然是做好课内的本职工作，上课认真听讲，尽力消化吸收，下课认真完成作业，适时复习，对于劣势科目要扎扎实实地花时间理解巩固。她会将学习重心倾向于数学、物理等自己不太擅长的科目；而对于自己的优势学科化学，则投入较少的课后时间。定位清晰，目标明确，知道自己该做什么、不该做什么，日复一日地坚持，成绩自然水涨船高。

◎ 二、科研

（1）时间：大一下学期可以跟着学长学姐一起做科研。大二上学期可以自己申请科研项目。

（2）方向：既可以是自己专业的，也可以是其他专业的，即任何一个你感兴趣的方向。

（3）导师：先通过各种方式筛选心仪的导师，再去浏览他的论文，如果确认他的研究方向是自己感兴趣的，可以发邮件或通过其他方式联系导师，向导师说明自己是本科生，想来做一个SRTP（大学生科研训练计划）或其他的项目。取得老师同意后，可以进一步沟通并逐渐开展科研项目。

◎ 三、围棋

国家一级运动员、绩点大类第一，单看任何一项成绩都无比卓越，任何一项成绩的取得都"难如登天"，但这两者在严子莹的身上达到了完美的统一。年纪轻轻升上围棋业余5段，进入杭州棋院冲段班学习，严子莹正是很多极具天赋的围棋少年的代表。与很多饱受挫折的冲段少年不同，"天赋+努力"让严子莹一直被幸运女神眷顾："我感觉我的学棋生涯相对比较顺利。"条件优越而且基础好，在很多人眼里，严子莹天生就是当职业棋手的料，但因为从小对科研的热爱，对学习有兴趣，她选择回归学校。

虽然放弃了职业之路，但浸润围棋十几年，围棋文化早已渗入严子莹的骨子里。数百手弈棋，讲究连贯成势，步步为营，一步看百步，方能立于不败之地。这就要求棋手不仅立足于当下，做好眼前之事，更要具有前瞻性，

严子莹在上海联赛

严子莹在中国围棋大会

谋划将来的路。作为大学生的她依然能保持着提前做好接下来几天规划的好习惯，始终目标清晰，懂得什么该做、什么不该做。围棋的变化，多到无法完全囊括，落一手棋往往要计算数十种下法，这就要求棋手不仅要看得远，更要想得全。严子莹尤其重视生活中的细节小事，力求面面俱到。作为上海大学生围棋联赛主席，她组织多次比赛，其中南北大学生围棋对抗赛现在已经成为在大学生围棋圈中极具影响力的传统赛事。担任国家级创新训练项目立项负责人、竺院深度科研立项负责人，同样需要全面考虑事务的能力。

在这里，我想与大家分享围棋十诀：①不得贪胜。②入界宜缓。③攻彼顾我。④弃子争先。⑤舍小就大。⑥逢危需弃。⑦慎勿轻速。⑧动须相应。⑨彼强自保。⑩势孤取和。

大家不妨停下来几分钟，先回望一下自己的人生路，再来品读围棋十诀，或许会有更深的体悟。

严子莹认为围棋一直以来有曲高和寡的感觉，某种程度上是因为围棋的观赏性不够强，且门槛较高，规则较难理解。她在2019年暑假担任中国围棋大会人工智能成果展的英文讲解和世界智能围棋公开赛的双语直播员。她说："我希望能尽自己所能推广围棋，让更多的人认识围棋，喜爱围棋，学习围棋，让这项浸润中国传统文化的技艺惠及更多的人。"作为一名浙大学子，她也一直希望能在浙江大学推广围棋，希望更多的同学能报名由无极棋社推出的围棋精品课堂，有更多的人能亲身体验围棋，感受围棋之美。

◎ 四、通识小技巧

大家都十分好奇通识课该如何取得高绩点。或许有人会说："用'查老师'啊！看评论，找好老师！""选'水'课啊，任务少，考试'水'。"有人甚至会认为只要学好专业课，通识课无非是为了完成培养方案罢了。

严子莹却有着截然相反的态度。她认为某些课程作业较少、考试较容易、分数高确实是不可忽略的考虑之一，但兴趣才是选课真正的决定因素。有了兴趣，才会有认真听课的原动力，再多的任务、作业，再难的考试，其难度系数也会相应降低。而如果在一开始就抱着不劳而获的念头选课，上课时必然是浑浑噩噩，毫无收获，花了时间，丢了均绩。其实换个角度思考，只要用心去做，什么事做不好呢？

有人说，一个习惯的养成需要21天的坚持。从严子莹身上我们能看到很多良好习惯的小细节。天赋+习惯+坚持="滚烫"的人生！唯愿大家在读完此文之后，能从中汲取营养，用21天去养成好习惯，日复一日地坚持，相信你一定会离理想中的你越来越近！

素履所往，一苇以航

叶之凡

简介

姓名： 张翌

平台： 2018级竺可桢学院医学试验班

专业： 主修生物科学，辅修英语

标签： 领导力培养、青年马克思主义者培养、社会实践、学业

初入浙大的两年中，课堂学习、学生工作、科研实践相互交织，领导力培养、青年马克思主义者培养让张翌更懂得了脚踏实地，生物科学的学习让她知晓了医学前沿的发展方向。纵然事务繁杂，前路漫漫，她也一定会尽心去对待，乘一叶扁舟，到达梦想的彼岸。

◎ 一、投身医学，追随初心

由于家庭中有从事医疗健康行业的成员，张翌从小便对医生这一职业有一分向往，随着思想逐渐成熟，更坚定地选择这一神圣的职业。在高考填报志愿时，她遵循了心中所指的方向，选择了浙江大学竺可桢学院医学试验班。

当谈到选择主修生物科学专业的原因时，她介绍道：因为医学试验班本科四年需要选择医学外的专业，而生物科学则是与医学最为接近的专业，学好生物方面的基础知识，有助于医学学习。谈到为何辅修英语时，张翌高中

毕业于杭州外国语学校，对英语有一种独特的情怀，英语的魅力深深吸引了她，让她继续在这方面求学；另一点，英语在这个交流互通的时代显得无比重要，不管是查阅各种资料、浏览生物学前沿的文章，还是各种课题中的演示，都是以英语为主，因此扎实的英语基础是之后专业课程学习所必需的。

对于辅修和微辅修，张翌这样说，竺院学子课程压力大，很大一部分人无法支撑双学位的学习，对此要谨慎选择。而辅修与微辅修的区别在于学分不同，要综合自己的需求决定。如果是追求交叉学科发展的同学，可以选择其他感兴趣的专业。也需要注意热门的辅修专业（比如计算机）名额很少，需要按照绩点排名来录取。辅修需要建立在学有余力的基础上，发展自己的兴趣。

◎ 二、专业学习：素履以往

数门专业课程满绩、综合学业成绩位列医学试验班第一、作为医学生数学多门课满绩……看到这些近乎完美的成绩，我们不禁为之折服。张翌这样介绍她的大一：她不常去图书馆，大多数时候是在教室晚自习，但从不拖到"梁祝声"（晚自习结束铃声）响起；即使在大学这个宽松的环境，每天也都保持早睡早起的习惯。在她看来，牺牲睡觉的时间来完成任务，不仅效率大打折扣，而且会导致第二天精神不佳，继而造成恶性循环。周末有时也会被任务填满，这是正常情况，但需要安排恰当，如果出现时间冲突的情况，需要根据活动的重要性进行权衡、取舍。

在学习中，最重要的就是做事讲效率。大一时，张翌加入了新媒体工作室，公众号运营工作固然繁忙，但她从没有担忧过学生工作和学习之间的平衡。她会将部门工作优先完成，在下发工作任务的第一时间，就迅速进行搜集资料、撰写文案、排版，仅仅数小时就能将其他人几天的任务完成。

在介绍自己的学习方法时，张翌尤其点出了自学的重要性。从高中初入大学，我们会接触各种不同的新知识，不能因为内容繁多就直接放弃。听课之余，课后仔细看教材是解决问题很好的方法。数学（包括微积分、线性代数）的教材都编排得便于理解，逻辑通顺；完成课后习题则是一个巩固新知识的好机会，不能只满足于完成老师课内布置的作业，在时间允许的情况下，可以将书上的例题和习题都好好吃透，期末考试题与练习题往往十分相似。

◎ 三、科研实践：一苇以航，深度探寻

一开始，张翌跟随学长选择进入一个本科生较多的实验室，没有很多的机会去实践。之后，她改选入一个较小的实验室，但老师非常和善，也有更多的时间接触科研内容。同时也需注意科研上花费的时间应和学习时间相平衡，有学长大一下学期进入实验室，确定了科研方向，迅速进入实验，到大三上学期即将完成，准备发表论文，但对学业的关注度就有所下降。

对于选导师的问题，很多同学会面临如何在学术声誉高的导师和年轻导师之间抉择，张翌给出了她的看法：担任职务太多的导师可能没有很多时间和你接触；年纪太大的也尽量不要选，可能会在一定程度上放松管理；部分导师可能会过于严厉，导致学生自己的时间被削减。如果一开始没有明确的方向，可以向学长学姐请教，先选择推荐的导师，在逐步学习专业知识之后再确认自己感兴趣的方向。

张翌说，在与导师交流的过程中，主动性非常重要。在确定SRTP课题后，张翌一直不知道该如何开展实验，在和导师主动交流了自己的诉求后，导师迅速给出了建议，并且立即对她的课题做了指导。在未来科研过程中，我们要明白，导师也有自己的工作安排，需要我们主动去找导师确定课题、沟通具体方案、交流实验进程，而不是一味地等待导师来安排我们的工作。

此外，作为浙大学子，即使是本科生也不能妄自菲薄，我们去实验室的目的不是充当免费劳动力，而是去学习科研技术、科研思维。我们一方面要谦虚地向学长学姐学习，另一方面也要懂得拒绝，尤其是当学长学姐提出一些显然不合理的要求时。

◎ 四、社会工作：脚踏实地，落于实处

作为一名预备党员，张翌不仅在生活中对自己高要求，也努力融入社会，带着一种社会责任感去看待这个世界。积极参加学校组织的领导力培养、青年马克思主义者培养计划，到绿城医院、泰迪熊医院、古荡老人公寓等志愿者服务活动。在提到领导力培养和青年马克思主义者培养计划时，张翌这样说道：领导力培养计划更看重实践。我们不必过于看重课程本身，把它看作一种经历，在这个过程中能认识到很多领导力方面很强的领袖人物，从他们的闪光点中汲取能量。而浙大青年马克思主义者培养计划则更为正式，有笔试、面试及成绩要求，还有学分制的要求，理论的学习让我们的思想进一步完善，实践调查让我们"开眼看世界"，了解社会发展情况。

她还特别分享了领导力培养计划在大一暑假前往美国北卡罗来纳州做交流的经历：课程安排不是很多，但活动都很有意义。其中有一个活动是前往名为Rise Against Hunger的一个非营利组织（这个组织致力于向非洲贫困儿童提供食物），以流水线的形式先在每一袋中装入小麦、水稻等干食物，再将其密封装箱。来这里参与活动的学生和一些爱心人士会为这个组织提供资金和人力。当这些装好的食物被送到有需要的儿童手上时，参与包装该食物的人就会收到一封感谢邮件。这个活动让她第一次深刻感受到贫困饥饿离自己是那么近，了解到世界发展的不平衡。另一个则是自我认知的测试，给了

张翌（右一）参加全媒体中心新媒体工作室例会　　张翌（左四）参加社会实践

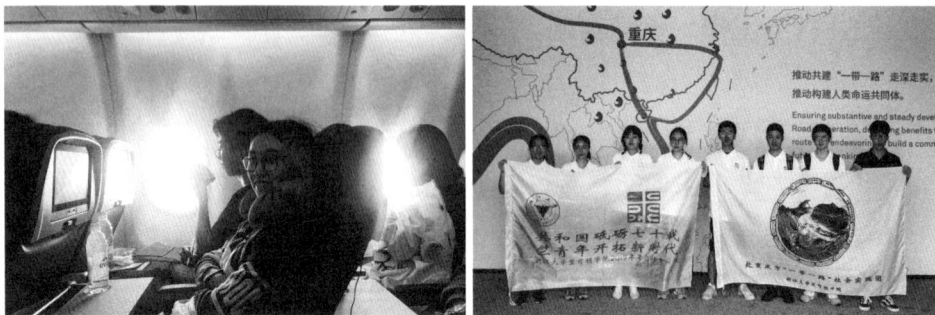

张翌在前往美国参加领导力培养计划的航班上

张翌（左四）走访重庆国际物流枢纽园区

她一次重新认识自己的机会，深入自己的内心，发掘真正喜爱的事情。

除此以外，在2019年暑假，张翌和医学试验班的七位同学前往重庆进行了"以三峡航运和中欧班列为核心探究重庆陆海新通道建设情况和发展变化"的社会实践，从立项通知发出到立项答辩仅五天时间。在立项之前，他们对这个主题并没有进行深入的探究，因此在立项答辩时，辅导员指出实践内容过于宽泛，应细化实践主题，不要成为所谓的"旅游"实践。他们重新进行了广泛的资料收集，并且更换了指导老师，选择了管理学院研究物流方向的教授以获得更加专业的帮助，同时还联系多家企业进行调研寻访。在到达重庆之后，他们前往一些展览馆了解重庆发展概况，走访企业，到物流园区周边的居民区去真切地了解居民们的感受。在这次实践中，他们看到了重庆在"一带一路"倡议下的蓬勃发展，也认识到了社会实践真正的意义所在——进一步探寻这个世界，而这是"旅游"实践无法达到的。

她追寻着梦想来到浙大，脚踏实地，不忘初心。服务大众是她心之所向，素履所往，生如逆旅，一苇以航。

学长寄语

世界上只有一种英雄主义，那就是在认清生活的真相后依然热爱生活。

走自己的路

陈虹宇　陈可越

简介

姓名：林皓泓

平台：2017级竺可桢学院混合班

专业：自动化（控制）

标签：科研、竞赛

　　大学四年，是学习的四年，书山有路勤为径；大学四年，是人生的四年，有志之人事竟成。大学四年，看似漫漫，却也短暂，一切全取决于你的态度：是仰望星空、空叹艰难，还是脚踏实地、埋头耕耘？

　　林皓泓用自己的行动给出了答案：走自己的路，无问西东。

◎　**一、学会选择**

　　当你抬起头，仰望夜空，会看到千万颗星星，或明或暗，或远或近。每一颗星都代表一个目的地，正因如此，宇宙充满了无限可能。而我们每个人面对的宇宙，就是我们未知的人生。

　　人生有限，选择无限。我们的脚步不可能丈量每一寸大地，在无数分岔的小径中，我们必须选择其一。而大学乃至人生中最重要的，就是学会如何选择，并且坚持这个选择。

　　选课，是我们需要学会的选择之一。作为一所综合性极强的大学，浙大提供了极多的课程选择和极高的选课自由性。面对各种各样的课程，我们难免陷入选择的迷茫中。对此，林皓泓的建议是通过https://zdbk.zju.edu.cn查询自己的培养方案和对应课程的教学大纲，也可以通过学长学姐的信息渠道了解课程的详情。首先精准了解和把握课程的内容，而后可以根据自己的培养方案、发展方向、兴趣爱好和个人能力等，综合考量待选的课程，进一步合理地安排时间和课程。

选专业，更是大学中至关重要的选择。林皓泓谈道：在专业方面，现阶段大家容易产生一种误解，认为专业有好有坏，也要分为三六九等。但是，实际上，专业本身没有优劣之分，只有适合与不适合。我们经常听到一种观点，建议我们要选择"适合自己"和"感兴趣"的专业，而不要一味盲从，扎堆热门专业（如计算机等）。但是，放在现实生活中，这种观点就难免沦为"鸡汤"，显得缺乏可行性，因为很多同学对自己缺乏足够的了解，对自己的兴趣也不明确。现阶段，浙江大学的始业教育和专业导论正在不断完善，通识教育不断发展，未来也会有更有助于专业选择多样性的模式被推出。在这样的环境中，我们可以更加自由地探索自己的兴趣所在。当然，树立良好的职业平等观也是必要的。"三百六十行，行行出状元"，每一个专业都有其意义和价值，都可以成为个人的价值所在和社会价值的一部分。林皓泓希望同学们能够慎重

林皓泓在排球比赛中夺冠

考虑自己的专业，因为适合的才是最好的，如果一味地追求所谓的"热门"专业，不顾自己的兴趣和理想，反而会阻碍自己的发展。

选择课余活动也是大学非常重要的组成部分。学习之余，加入一些组织或社团，既能丰富课余生活，扩大交际圈，也能锻炼自己的能力。林皓泓认为，新生加入组织和社团首先应该明确自己的需求。不管是自己感兴趣，还是想交到更多朋友，抑或想要积累工作经验、培养工作技能和沟通技巧，首先都需要建立清晰的认识，明确自己的方向，做出理智的选择。

林皓泓指出，社团的工作往往更偏向兴趣，氛围更自由宽松，而学生组织可能在组织性和严密性上更胜一筹。但是近年来，不少社团的组织架构也在趋于完善，活动愈发多样，和学生组织一样有很多机会举办活动。并且，他认为"工作"与"兴趣"是有机结合的，不可一刀切，大家完全可以做自己有"兴趣"的"工作"。当然，在前期，大家要多做尝试，敢于试错——实际上很可能也没有所谓的"错"，发掘自己值得"用爱发电"的点，在各类组织中找到自己的定位，最终收获一段宝贵的经历。

大学里的很多机会需要同学们主动争取，很多问题也需要同学们主动寻找解决的办法。主动探索的过程最有意义和价值，不论探索的结果如何，我

林皓泓所在的机器人实践小组

们付出了最大的努力，也一定会感到值得。

如果把时间管理也称为一种选择，那么这可能是大学生活中最难的选择了。面对繁忙的学业、工作和活动，如果不做好时间管理，必然会在无数选择中眼花缭乱，迷失方向。林皓泓对此深有体会。他强调，学业必须优先，应该在学有余力的情况下参加课外活动。而且，建议在大学初期参与学生工作与社团活动，结合学习情况适时调整。当然，也不可"因噎废食"，害怕影响学习而与组织和社团绝缘。学生工作、社团活动虽然会花费一些时间，但可以提高我们的工作能力，为我们提供一个施展才华、发挥价值的平台。总之，在学生工作和社团活动的参与过程中，我们需要保持平常心，灵活地调整时间，在学业和工作间达成平衡。

◎ 二、跨专业学习与科研

混合平台采取"厚基础、宽口径"的培养模式，学生在高年级进入具体专业的学习研究前，可以自由拓宽学习范围，了解各专业的知识，和本专业互相补充。

林皓泓这样的想法，正与跨专业学习的目的相契合：选课不必局限于本专业的课，学习也不是仅仅在本学院内学习。广泛和充分地利用各方面知识，提高自身专业水平，正是学科交叉、学科融合的核心思想，而这种思想正逐步成为当下的主流。

知识没有边界，学科并非孤岛。如果一个学科只是单独发展，与其他领域断绝沟通交流，无异于闭门造车，极有可能会停滞不前。只有互相联系，互相借鉴，以他山之石攻己之玉，取他人之长补己之短，学科之间才能相互促进、相互发展，专业知识和技能才能得到拓展和丰富。

在科研方面，现阶段，本科生参与项目的常见方式还是科研训练和毕业设计。林皓泓建议，大家在联系老师时可以先了解老师的相关工作，也可以通过旁听组会的方式了解课题组的项目。在他的体验中，浙大老师对本校学生都是很热情的，很多老师回邮件的速度非常快，所以鼓励大家大胆尝试。

适合自己的科研机会很珍贵，也很难得，而机会不会自己来敲门，只有主动行动才能获得更多的机会。通过主动询问老师、旁听组会等方法，我们可以更深入地了解科研项目。林皓泓建议，最好在充分了解、慎重考虑的基础上再做出选择，加入最适合自己的科研项目。

林皓泓在亚洲大学生峰会

◎ 三、独立思考，志在进取

在大学生活中，最重要的能力是独立思考。

坐拥良好的教育资源，立足良好的学习基础，跟随众人的脚步，就能毫不费力地成为人生赢家？答案当然是否定的。我们可以独立地"成佛"，也可以独立地"努力进取"，但是唯独不应当随波逐流、听之任之。

独立思考的能力必不可少。要培养独立思考的能力，我们可以主动吸收更多信息，遇事冷静，多多提问，并留给自己更多的思考空间。独立思考有助于我们形成自己的判断，不被一些表象迷惑，也更有助于我们培养独立自主的人格，不一味随大流。

当然，闭门造车也是行不通的。多和他人交流，在思想火花的碰撞中，会迸发更多的灵感。不要为了体现个性而体现个性，否则容易冲动、轻易决定，甚至有可能将自己的观点完全认定为事实，而不接受其他观点。遇到更为合理的观点，要主动采纳。

既不应从众，也不应孤立；既不应随波逐流，也不应闭门造车。在浩瀚的宇宙中，每个人都是独一无二的一颗星，也会走独一无二的一条路。走自己的路，选定方向，就无问西东——这就是林皓泓的人生态度。

学识之研，自我之创

李龙飞

简介

姓名：刘家铄

平台：2018级竺可桢学院人文社科实验班

专业：主修经济学，辅修金融学

标签：专业、实习、科研、比赛

◎ 一、专业选择

刘家铄不认同将专业按"好坏"分成三六九等的这种分类方式。在他看来，专业实际上并没有好坏之分，专业之间只有你是否能将它学好、学精、学透的区别。专业选择应更多地考虑个人的兴趣以及对未来的期待。尽管就业前景的确是专业选择时一个重要的考虑因素，但只要有足够强的个人能力和扎实的专业基础，不论是什么专业，都能够找到最合适自己的出路。

受到家乡文化和家庭氛围的影响，刘家铄从小就对商科充满了浓厚的兴趣。在对"学贯中西，文理交叉"理念的憧憬中，他选择进入竺可桢学院人文社科实验班学习。在刘家铄看来，本科阶段需要学习更多的理论知识来强化自己的逻辑思维，也让自己具有更加宏观、更加丰富的视角。因此，他选择了经济学专业作为主修专业。同时，由于看重金融实务，刘家铄又选择了金融学专业作为自己的辅修专业。事实上，经济学专业与金融学专业的差异不大，只是一个更偏向于理论，另一个更偏向于实务。刘家铄认为，在人文社科领域，关

28

键还是去探索自己真正想要从事的方向。选择辅修也并不是为了取得证书，辅修只是为了提醒自己不要忘了补充相应的知识，是对自己的一种督促。

◎ 二、学习安排

在学习的时间安排上，刘家铄并没有因为繁重的课业而牺牲自己的睡眠时间。相反，他始终保持着充足的睡眠。在他看来，只要把需要做的事情规划清楚，把事情分摊开来做，就不会有在截止日期来临前疯狂赶工的苦涩。在刘家铄看来，牺牲睡眠时间不仅使做事效率大打折扣，还会对身体健康造成不可逆转的损伤。

对于当下大学生热衷于"内卷"的学习现状，刘家铄持反对态度。在他看来，内卷的实质是资源有限造成竞争加剧，进而导致的恶性竞争，这是一种典型的囚徒困境，"卷"的人大多都觉得自己是被迫"卷"的。在这种情况下，大环境是很难改变的，我们所能做的应该是审视自己。刘家铄对我们的建议是，做好对自己的规划，弄清楚做什么能够让自己真正快乐，从而让自己摆脱干扰，逃离那种一直消耗却还是一片迷茫的不健康状态。竞争可能会帮助自己更加高效地学习，但不是最终的目的。

对于课外活动与课业学习的平衡问题，刘家铄也提出了自己一些独到的见解。他认为，这种平衡问题经常被讨论，但实际上没有真正的解决标准。我们能做的也只能是提前规划、提升效率，明确目标和现状，多想想需要做什么、什么时候做，这样才不会被别人牵着鼻子走，不会别人做什么自己就做什么，什么都想做却什么都做不好。这些方法具有一定的普适意义，能够帮助形成自己的学习和生活节奏，帮助在学习与活动之间做出更好的平衡。

◎ 三、专业学习

刘家铄认为，在专业学习上，我们需要为自己定下清晰的目标，设立需要达到的核心能力要求。如果能够对自己的专业有非常清晰的认识，就能够知道不同课程的作用：哪些课对专业能力的提升帮助最大；哪些课只需满足毕业的基本要求即可；哪些知识在专业课上无法学到但对于专业学习十分重要，需要课外补充；等等。这能够在很大程度上帮助你对课程学习的时间做出更加合理的分配。

刘家铄特别强调，仅仅对照培养方案去要求自己是不够的，因为培养方案是针对整个专业，不是针对你个人，要自己给自己制定培养方案。在大学里，主动学习的能力与劲头十分重要。他鼓励我们多参加各种形式的讲座、研讨会甚至老师的组会。这种多元化的学习方式能够增强我们的综合学习能力，使课外许多发散性的知识真正内化成能够熟练运用的知识。

对于跨学科的知识学习，刘家铄认为，目前倡导交叉学科学习，在这种大环境中，如果我们有一定的兴趣，学习一些跨学科的知识不失为一个好选择。

◎ 四、未来规划

刘家铄认为，大多数人，包括他自己，其实都不能做到在一开始就很明确自己未来想要走的路，所以需要尽量把握每一次机会去亲身探索。在大学中，我们有着多元的兴趣、经历，我们非常容易了解到许多不同的研究领域，但也很容易将这些认识仅停留在表面。所以，我们如果想要对它们有深入的了解，最好能够亲身去实践。刘家铄在对某个方面感到好奇时，不管是创新创业，还是学术研究、实习实践，往往会亲自去尝试。同时，与学长学姐多交流也十分有意义，这种交流能够让我们缩小选择的范围，聚焦到真正想做的事情上。

◎ 五、科创活动

得益于竺院的导师制，刘家铄在大二上学期就加入了浙江大学互联网金融研究院（AIF），担任全球研究助理，到目前为止参与了几项国家部委、中外合作、政校合作课题，主要涉及金融科技、监管科技、绿色金融、监管政策等领域。在刘家铄看来，参加科研项目并不一定意味着未来一定要从事学术研究，而是给自己一个深入探究的机会。这些问题不管在理论还是实务方面都是前沿，对个人的成长发展很有意义。

在2020年上半年，刘家铄参与了两个项目。他是《中国金融科技运行报告（2020）》《中国监管科技发展报告（2020）》等专著的编委会成员之一，和导师、学姐合作撰写的论文收录其中。此外，他还参与了绿色金融、监管沙箱等课题。

科研活动中不可避免地会遇到困难。在一开始参与课题研究的时候，组里都是博士生、硕士生，他在逻辑架构、语言表达等方面都感受到了自己与他们的巨大差距。同时，面对着一个完全没有接触过的领域，他很担心自己会给课题组拖后腿。由于语言表达能力的欠缺，他撰写的论文往往需要进行大量的修改。因此，他花了大量时间来补齐知识上的短板，学姐也特别耐心地教他一些研究方法和思考问题的逻辑框架，并向他推荐了许多实用的书籍。事实上，进步就是这样磨炼出来的。在接下来进行第二个、第三个课题的研究时，他明显感觉到自己能很快上手了。此外，在某次实习中，与团队

刘家铄（前排左一）参加模拟联合国活动

中大量的统计计算机方向的硕士生相比，他并没有很好的数理编程基础，在一段时间的慌张和遇到几次无法处理的任务以后，他就向领导如实说明，在后续的研究中扬长避短，并最终坚持了下来。因此，在研究和实践中，解决困难无外乎是自己花时间补上短板或者寻求前辈的帮助。只要我们肯尝试，或多或少都能有所收获。

除此之外，刘家铄还参加了模拟联合国等许多感兴趣且对专业学习有帮助的活动。

◎ 六、社会实践

刘家铄在第一次看到阿坝州红原县支教纳新时，就很心动。支教一直是他特别想做的事，既能够帮助他人，又能够锻炼自己的技能。在浙江大学提供的平台帮助下，他在暑假顺利去了西部支教。回忆起那段支教的日子，他仍然感到十分怀念。他也呼吁我们积极参

刘家铄参加西部支教

与支教等社会实践活动，为教育事业尽自己的一分力量。

学长寄语

做自己，保有好奇心，不疲于探索，发掘兴趣点，只跟自己比。

多元"作伴"遥遥人生路

丛箫言

简介

姓名：王路遥

平台：2018级竺可桢学院交叉创新平台

专业：自动化（控制）

标签：辩论、竞赛、科研、社会实践

◎ 工科学霸

自动化（控制）专业的女生（√）

竺可桢学院交叉创新平台领跑者（√）

2018—2019学年国家奖学金获得者（√）

几乎所有人看到这般精彩的人生后，崇拜之情会油然而生。接下来让我们走近"美女学霸"王路遥的学习之旅。

1. 初入交叉创新平台

交叉创新，顾名思义就是一个可以进行双专业交叉学习的平台，双专业的交叉学习自然就意味着"学分多多、辛苦加倍"，但获得的成长与能力的锻炼弥足珍贵。

进入竺可桢学院交叉创新平台，所有的同学都会面临选择方向的问题。2018级的交叉创新平台有三个待选方向：数学+金融（金融数学）、信息管理+统计（管理大数据）、自动化（控制）+机械电子工程（智能机器人），每位同学都需要先选择方向，再确定两个专业里主修哪一个。

虽然交叉创新平台现在已经取消，但是这种学科交叉的培养模式依然在竺可桢学院的其他平台延续，新开设的机器人工程平台就是由交叉创新平台发展而来的。

2. 敲开自动化之门

王路遥选择自动化（控制）+机械电子工程（智能机器人）方向的原因简单而有趣：首先是因为对机器人感兴趣；其次是因为现今机器人与人们生活的联系愈发紧密，社会各界对机器人的关注也急剧增加，可谓当下热门专业；最后是因为其他两个方向是不需要学物理的，而刚进入大学的王路遥对大学物理很是好奇，所以最终决定选择自动化（控制）+机械电子工程（智能机器人）这个方向。之后选择自动化（控制）为主修专业，主要是因为她觉得控制相比机械电子工程来说更偏软件应用，更加适合自己。

谈到自动化专业的心得体会，王路遥有许多建议想分享给学弟学妹，其中令王路遥最有感触的一点就是：一定要动手实践。她说，很多控制方法单靠听和背诵理论知识很容易忘记，但如果用simulink做过相应的仿真实验，画一画响应曲线，或者在小学期的实践课程中应用过这些方法去进行小车、机械臂的控制的话，对相关知识的印象就很深刻。她还建议：也可以根据自己的时间精力参与一些相关的竞赛，如浙江大学"中控杯"机器人竞赛、全国大学生工程训练综合能力竞赛（简称工训竞赛）等。

◎ **科研之路**

作为院级SRTP"非平稳三相流工业过程动态软测量研究"立项人，王路遥在这段经历中获益匪浅。

"非平稳三相流工业过程动态软测量研究"是以软测量为主题的项目。软测量又称为软仪表，它的基本思想是利用易测量的变量来准确估计不易测量的变量，从而代替工业现场某些仪表。项目的研究对象是一个油、气、水三相混合流动的工业过程，采用的是克兰菲尔德大学的三相流动设备的开源数据集。项目的目标是利用工业过程中的其他变量来精确估计三相分离器中的温度、液位与压力这三个变量，难点在于如何处理工业过程的非平稳特性与动态特性。在博士生学长的指导下，王路遥和同伴通过阅读论文学习了一些软测量建模基本知识与相关算法，在Python中实现了软测量算法，并选择了多种指标与其他方法进行对比分析。

王路遥说，过程中的困难主要是算法的实现，因为刚开始做的时候有许多东西不理解，报错或是发现结果明显不对劲以后不知道怎么去修改，后来通过上网搜索解决办法以及与学长多沟通解决了这些问题。在SRTP中的收获应该是对软测量有了更深刻、更直观的认识，学习了一些软测量的建模方法。

◎ 竞赛之路

美国大学生数学建模竞赛（MCM/ICM，简称美赛）由美国数学及其应用联合会主办，是唯一的国际性数学建模竞赛，也是世界范围内最具影响力的数学建模竞赛。

王路遥当时正好在学习数学建模课，课堂上老师会介绍一些基本的建模方法，让她对建模有了初步的概念。回想美赛，王路遥依然记忆犹新。

周四公布题目，下周一早上是上交论文的截止日期。他们第一天讨论确定了选题，是个分析亚马逊网站商品数据的题目。第二天主要是查阅相关的文献，看看别人是怎么建立模型的，并通过讨论确定了要采用的方法。之后两天，也就是那个周末，就是疯狂赶工的时间！跑出结果之后开始画图，图尽量要画得好看些、展示性强一些，他们参考了一些往年竞赛的优秀论文的画图方式。然后就是飞快地写论文，一直到周一凌晨他们还在完善论文。

除了获得二等奖外，王路遥说，这次竞赛最大的收获是对数学建模有了切身的体会，与正在学习的数学建模课相辅相成，这或许也是她推荐同学们积极参加的原因之一。

科研竞赛小技巧：

① SRTP、竺院的深度科研项目都是很好的科研机会。

② 数学建模竞赛、"中控杯"竞赛、工训竞赛等都是自动化相关专业同学参与的好机会。

③ 要根据自己的时间安排以及竞赛内容与专业的相关性来选择，可以多关注本科生科研训练与学科竞赛管理系统的网站，如果看到感兴趣的、时间合适的可以大胆尝试。

◎ 多姿多彩的课余生活

看到浙江大学校辩论队副队长、浙江大学口才中心口才协会（简称口协）会长的职位，无数同学不禁有一个疑问：如何能在高强度的辩论比赛周期中合理安排学习时间、保持优异的学习成绩？王路遥的回答是：规划+分块+高效。

王路遥参加角色扮演（cosplay）活动

其实，选择辩论与渴望有大把自由时间本身就存在着不可调和的矛盾，因为辩论是要花时间去准备的，而且很可能在比赛的前一天甚至前一周都需要通宵或熬到很晚。对于辩论和学习的平衡，王路遥说，尽量提前规划好要完成的任务、要做的作业，将时间分块后集中高效地利用，切不可拖延症缠身，一拖再拖以至于事情堆到一块儿去。或许将每天浪费的时间都利用起来才是所有同学最应该考虑的问题。

谈及辩论和口协，王路遥有很多的话想说。她认为，辩论简单来说，就是一个很好的、让你看看外面的世界的机会。她会查询与本专业毫无关系的资料，看一些本来不会接触到的论文。辩论也带来了许多启发，让她去思考一些从来没有想过的东西。当然，辩论也可以很好地锻炼表达能力、思维能力，且做课堂展示时是游刃有余的。

作为浙江大学口协会长，王路遥觉得口协是一个很温暖的地方，不仅仅是一个辩论队，更是一个大组织、大家庭，在这里会认识很多志同道合的人，交到很多很好的朋友。

王路遥担任浙江大学竺可桢学院全媒体中心纸媒工作室部长、浙江大学口协会长等职务，对于平衡组织工作与学习时间有自己的心得。她认为，分工与合作是很重要的，多沟通、多彼此分担，会发现其实每件要做的事情也没有那么复杂；还要充分利用学长学姐的资源，合理地向他们寻求帮助。对于许多同学疑惑大学应该多参加组织活动还是埋头学习，王路遥认为主要看个人的兴趣与追求。她认为，少参加或多参加活动差别不大，因为大学组织活动更多的是侧重已有能力的强化，很难让某项能力从无到有，她参加的活动都是因为兴趣使然——喜欢打辩论，喜欢用电脑做图排版，希望自己的生活除了学习还能有更多的色彩。

◎ 王路遥心中的浙大

"我心中的浙大是一个挺自由的地方，给我们很多尝试的机会与空间。

王路遥在辩论

其实，我觉得我是上了大学以后才开始学会一个人去生活，而不只是学习。从社团组织到科研竞赛的选择，都有很大的自由度，不再像初高中那样会有一些固定的安排要你去完成，也没有人会一直关注你、催促你，更多的是要自己去把握机会、去追求自己想要的东西。"

和王路遥一样，我们都是拥有机会与自由的浙大学子，或许从前的我们随波逐流，或许从前的我们得过且过，但只要主动把握机会，明晰方向，合理规划，大胆逐梦，相信所有人都能拥有灿若星辰的人生！

仰之弥高，钻之弥坚

陈可越

简介

姓名： 梁毅浩

平台： 2019级竺可桢学院交叉创新平台

专业： 自动化（控制）

标签： 竞赛、学业、领导力培养、科研

◎ 科研和竞赛：路漫漫其修远兮

在旁人眼里，梁毅浩是一位名列前茅的优秀学生，有着平台内综合排名第一的优异成绩；在他自己看来，科研与竞赛之路何其漫漫，未来还需更加努力。作为一名大二学生，他坦言自己才刚刚接触科研和竞赛，刚刚开始攀登这座高峰。

初入丛林，呈现在他眼前的是许许多多的小路，每一条都通往不同的方向，每一条都有着截然不同的风景。在人生的岔路口，他也曾迷茫，也曾困惑，但好在，蔡云老师的职业规划课及时给了他指引。他说，在大一下学期，他修读了蔡云老师的职业规划课，其中一项作业是写职业生涯规划书。这一份作业，为他提供了莫大的帮助和指导，帮助他确立了未来的发展方向和目标。而关于研究方向的确认，他说，浏览国内外高校的官网会有不少帮助，自己也是通过这一途径，在本专业的不同分支中选择了比较感兴趣也比较有前景的方向。

他最初的科研尝试，是在大一到大二的暑假期间。那时，他主动联系了几位老师，最后跟着机械学院的一位老师，进行了科研方面的初步尝试。但在开学后，随着重心逐渐转向课内学习，他去实验室动手实践的机会少了许多，更多时候他负责的主要是阅读文献、报告和建模。

回想走过的路，或曲折或坎坷，梁毅浩感慨万分。实验总与理论状况不符，就像现实总与理想不符，而不确定性总是无处不在。不论是实验环境、仪器和材料，还是在具体的操作规程中，测试样品总是与预期不相符合。更多的时候，他从早到晚在实验室里忙忙碌碌，无数次更换材料、重新建模，然后再次调试，却仍然毫无进展；而课内学习压力日渐增大，抽出整块时间前往位于玉泉的实验室变得愈发困难，只能选择做一些远程工作。然而，不断跌倒的过程也是不断适应和成长的

梁毅浩在实验室

过程。在初步的科研尝试中，他懂得了失败在科研中是不可避免的。但是，一千次失败之后，可能就是第一千零一次的成功。他相信，唯有全身心的投入才能有所突破，只要再多一点精力的投入，就多一分进展。因此，他希望能通过不懈努力、不断试错，在未来找到课程和科研的平衡点，并在科研这条道路上行稳致远。

此外，大二时，他还尝试参加了一些学科竞赛，斩获全国大学生数学竞赛、浙江省大学生物理创新竞赛等一等奖。参加这些竞赛不仅帮助他巩固了数理基础，拓展了思维广度，还让他在课内学习之余锻炼了思考方式。

在学术和竞赛的高峰面前，他不会止步不前，更不会有所退缩，而必将"仰之弥高，钻之弥坚"，也必将以自己持之以恒的努力，来回答竺老校长的人生两问。

◎ 课内学业：心之所向，一往无疆

自高中时起，梁毅浩就对机械智能化这个方向产生了浓厚的兴趣。那时，他喜欢动手操作，同时也打下了比较好的数理基础。填报高考志愿时，"智能装备及智能机器人"这个方向深深地吸引了他，从此他便定下了前进的方向。

谈起自己的专业，他指出，学科交叉是未来发展的大趋势。不同学科的相互融合，不仅有助于我们对知识的理解和对方法的掌握，也有助于我们思维的拓展和灵感的激发。而且，学科交叉还提供了更多可能，使我们在未来的学习方向上有更加灵活和丰富的选择。当然，学科交叉也意味着更密集的课程、更多的学分以及更大的学业压力。因此，在做出选择之前，必须仔细思考和权衡，选择最适合自己的方向。

而在未来，梁毅浩计划出国深造。为此，他需要更加集中精力提高语言表达能力，丰富科研经历，这也是他目前的主要目标。他说，大一的课程并不是很多，到了大二，专业课程压力陡增，自己尚未适应，期中考试也遇到了一点挫折。不过，忧色只是从他眼中一掠而过，很快他就露出一贯的微笑，说希望能尽早调整过来，重新找到自己的节奏。

在学弟学妹面前，梁毅浩是和蔼可亲的学长。在学长组工作期间，他负责指导新生选课。在选课方面，他分享了不少有用的经验。首先，他建议大家量力而行，在大一阶段，每学期的学分最好不要超过30分，这样才能保证每一科都分配到足够的精力，取得一个好成绩。其次，要尽早修读完通识、思政、外语类等课程，这样可以为之后的专业课学习腾出更多精力。最后，他强调，能学到知识乃至人生哲理的课远比拿到学分更为重要。

梁毅浩还分享了许多不错的学习方法。比如，明确自己的短、中、长期规划，定好目标，按目标前进；列好学习任务清单，有计划地分配时间、精力及任务（推荐使用滴答清单、To Do等应用软件）。谈到大家如今的一个共同困扰——手机，他指出，学习的时候一定要远离电子产品，自制力不够强怎么办？那就可以用软件强制管理（推荐使用Forest、番茄钟等应用软件）。此外，自学的同时，和同学多多探讨、共同学习大有裨益，而劳逸结合、养成良好的作息更是事半功倍。

◎ 课外：别有一方天地

在专注的学习和科研之外，梁毅浩也走向了更广阔的天地。大一时，他加入了竺可桢学院学生会发展创新部（简称发创），参与了不少活动的组织。同时，他还是足球队的一员，课余时间也会踢一踢比赛，把汗水挥洒在绿茵场上。有目的，有方向，每一天他都带着微笑，不疾不徐，脚步坚定，因为他知道自己想要的是什么。随波逐流是一种选择，而目标明确又是一种选择。空教室里总有他默默自习的身影，夜晚寝室里总有他和同学讨论题目的声音。虽然来到大二，学业繁重，有很多时候很难按时作息，但他积极乐观的心态并没有改变。

在课内课外之间，梁毅浩谈道：平衡时间是非常值得关注的一点。压力不是很大的时候，他会负责任务量稍大的工作，但在考试周即将来临或者课内学业成绩有些落后的时候，他会推掉一些事情，更加专注于学习。在没有完成课内任务的时候，他会尽量不分心。

暑假，他和发创的同学们一起组织参加了支教活动。在社会实践中，他有了更多机会去接触不同的人群，进一步了解社会。在帮助人们的过程中，他体会到的不只是对他人的人文

梁毅浩参加发展创新部活动

关怀，更多的是自己的幸福，也真正理解了"知足常乐"这句话的含义。

在最后，梁毅浩说，希望大家在大学期间都能够以"学到知识，丰富自己"为目标，以"成就更有意思的自己"为教育的使命和学习的目的，放慢脚步，深入内心，感受自己，度过充实无悔的四年。

学长寄语

　　机会是自己争取来的。竺可桢学院是一块宝地，有着丰富的资源等着大家去发掘和探索。但是，资源越是丰富的地方，竞争必然就越激烈，只有比别人更加主动、更加努力，你才能在这段旅行结束时满载而归。

　　也希望大家心中时刻不忘竺老两问，时刻提醒自己：在浙大这个平台，在竺院这方天地，追寻自己内心的真正所求，成长为一个人格健全、健康快乐、为社会做出贡献的建设者！

规划、奋斗、平衡：我的逐梦之途

叶雨琪

简介

姓名：章启航

平台：2017级竺可桢学院求是科学班（计算机）

专业：计算机科学与技术

标签：科研、学习习惯、出国

◎ 一、学习篇——夯实基础，行稳致远

章启航在高中时就参加了信息技术竞赛。对于计算机较早与较深入的学习、了解，不仅让他带着对计算机科学与技术的热情早早地明确了自己的专业道路，也使他拥有了扎实的基础，在大一乃至整个大学的专业学习过程中都保持着稳定、良好的状态。

1. 欲善学事，必有学法

在大学，章启航的成绩一直十分优异，这与他扎实严谨的态度与明智有效的学习方法密不可分。

在谈及自己的学习方法与心得时，他说，在课内学习方面，每一届的上课内容都是相似的，所以可以从往年的课程资料中获得一些重要的学习信息。这不论对于平时的学习还是对于应试都是大有裨益的。如果还想对专业的知识有更进一步的了解，查找学长学姐留下的资料也是不错的选择。针对计算机专业的特殊性，章启航提到了Github。这是一个存储着计算机重要专业课资料的"仓库"，他常常会利用这个"仓库"来对自己的学习进行梳理。同时，章启航还特别强调了注重细节、刨根问底在学习中的重要性。在平时学习的过程中，如果遇到一些模糊的问题，他总会在第一时间询问老师或同学等。这样的习惯使他在学习的过程中理清了自己的知识脉络，自然而然获得了理想的成绩。最后，章启航特别分享了自己关于合作式学习的心得体会。在他看来，一个学习小组或一个寝室的合作学习对于促进学习有着很重要的作用。大学时期，他们寝室在选课时就会相互借鉴。有了相似的课表，在准备每门课的考试时，整个寝室总是有很强的凝聚力。并且，当有了一些无法解决的问题时，"众人拾柴火焰高"，大家群策群力，就更容易把问题剖析清楚，拨开云雾见月明。同时，在与他人的讨论学习过程中，往往会接触到一些新的想法与看待问题的角度，于思维碰撞中收获对同一问题的不同理解。因此，小组合作也是学习中很重要的一部分。

2. 计长远，重积累

专业课上的拔尖并非章启航"学霸"生涯的全部写照，在英语科目的学习上，他也有着十分优异的成绩，更是在TOEFL考试中取得了107的高分。章启航很早就有了出国留学的计划，相对应的，他也很早就为之做了一些准备。从大一开始，他就坚持进行英语方面的训练。例如，大一时每天听英文原著来训练自己的听力。大二时，他就开始着手准备TOEFL考试。在他看来，英语考试的准备应该是一个积累的过程，而不是单纯的应试。例如，在临考TOEFL或者英语六级时，花费一两个月冲刺学习往往是一件非常痛苦并且未必有好的成效的事。他还说，对于低年级的同学来说，较早对自己的未来有一个规划，做起事来就会更加从容不迫。

◎ **二、生活篇——缤纷生活，青春任我行**

章启航不仅有优异的学习成绩，而且有着异彩纷呈的生活。像许多男生一样，他是一个体育爱好者。大学低年级的学习生活往往是紧张繁忙的，而在体育运动中，整个人会进入一种放松的状态。沉浸于身体上的对抗时，人会从枯燥繁忙的学习中抽离出来，获得精神上的愉悦和放松，从而当再次投入学习中时，会有更好的状态。同时，章启航认为运动也极大程度地拓宽了他的交友圈，使他接触到的人不再局限于特定的专业、班级。与各种各样的人的交流拓宽了他的视野，而这对于一个人的发展也是很重要的。

章启航在打篮球

生活与学习对章启航来说是同等重要的。他认为，学会平衡生活与学习是大学中很重要的一个部分。完全忽略如体育锻炼这样的"窗外事"而一心只读"圣贤书"的人未必有能力提高自己的学习成绩，却往往会拥有一段枯燥无味的大学生活。他还谈到要学会平衡生活与学习也是我们为步入社会做的一个准备。随着我们慢慢长大，各方面的责任和压力会接踵而至，而一个合格的成年人应该能够从容应对各方面的事务。因此，从大学这个"小社会"开始，就应该有意识地锻炼自己在这方面的能力，例如即使学习压力很大，也应该抽出一段时间进行运动锻炼。这也是他一直热爱并且坚持运动的一个原因。

除了体育运动外，章启航也参加了一些志愿者活动。一开始，他对这样的活动是嗤之以鼻的。以支教为例，在参与之前，他觉得这样的活动是形式大于实质的，短暂的为期两个星期的山区支教活动并不会给山区的孩子带来实质性的改变。然而，真正的实践经历却极大地改变了他对志愿者活动的想法。孩子们对外部知识和良好学习方法的渴望深深感染了他，这样正向的反馈促使他更加卖力地工作，改变了他对偏远山区的认知，也让他认识到志愿

章启航在支教

者活动其实是一个双方付出和双方收获的过程。

◎ 三、科研篇——科研之旅，求是征途

大二末，章启航跟随李玺老师开展了科研活动。刚接触科研时，他最大的感悟是科研与平时课业学习有很大的不同。科研接触到的是所在领域中最前沿的知识，而一名低年级大学生的知识储备是远远不够的。但是最开始的"断崖式"差距带给他的不仅有繁忙紧张的学习，而且有更为开阔的视野。凭借着一股新鲜劲以及学习的"狠劲"，他逐渐步入了科研的领域，并逐渐爱上了科研。通过科研解决悬而未决的难题吸引着他，并推动他在科研之旅上不断前进。

通过网络以及学长学姐的推荐，章启航接触到了字节跳动夏令营（Byte camp）。这次活动让他体会到了企业的学术活动与学校科研的不同之处，很大程度上开拓了他的眼界，让他发现许多在实验室中被忽略的问题。所以，他建议，同学们可以在大四前找机会进入公司实习，这对于开阔眼界是大有裨益的。

章启航在字节跳动夏令营

◎ 四、结语

同学少年，风华正茂。书生意气，挥斥方遒。

青春之途漫漫，让我们以前人之灯，照亮求是之途！

学长寄语

回顾过去，我常常想：如果当初早一点认识到自己要出国，或许就会更早参加TOEFL考试；如果能多发一篇文章，或许就可以申请更好的学校。

同学们应该尽早做好清晰、长远的规划。例如，如果想要出国，那么就要准备好相应的考试；如果想要就业，就应该在暑假时找机会进入公司实习。一个较早的目标可以实现时间和精力的充分利用，将青春的力量用在梦想的"刀刃"上。

未来，我希望能够继续攻读博士，培养自己独立解决问题的能力，"带领一群人真正探索一些实用的问题，给社会带来进步"，"带领实验室探索一些未知领域"，在此与同学们共勉！

追梦之路，从来都不是一马平川

王书畅

简介

姓名：钱璞凡

平台：2018级竺可桢学院求是科学班（化学）

专业：化学

标签：学习方法 社会工作 兴趣爱好

　　有这样一个人，他的天赋不是最好的，但他足够努力；他的专业不是最优的，但他足够坚持；他的选择不是最对的，但他足够明确。在别人质疑他时，他不理会，顺着自己的路走下去。他是竺可桢学院卓越奖学金、基础学科拔尖学生一等奖学金获得者——钱璞凡。

◎ 一、风起之时，梦始于斯

　　2018年，钱璞凡考入浙江大学化学系。

　　在谈到是什么激发了他走上化学这条道路时，钱璞凡说，是高中参加的化学竞赛。在高中，钱璞凡连获第30届和第31届中国化学奥林匹克竞赛（初赛）一等奖，并且遇到了很多鼓励他在化学路上继续走下去的老师。

　　那时的他告诉自己："既然选择了一条路，那就坚持走下去；不如就把人生当成一场美丽的邂逅，遇到了就赶紧抓住，奋力向这一片星空前行，等到达了远方，回过头来再想当初选择的理由。"正如木心先生所言："无底深渊，走下去也是鹏程万里。"在一次又一次与化学的"过招"中，他发觉自己慢慢爱上了化学。推动这门基础学科的继续发展，成了他内心深处逐渐萌发的梦想。

◎ 二、追逐梦想，一往无前

对于自己的学业与工作，钱璞凡这样描述："凡事有目标，学习和工作就有了指向性。"而在走向梦想的征途中，钱璞凡不觉得自己是一个聪明人，做事情不一定总能做得又快又好。"但我对自己说，如果一个小时做不完，那就花半天，把事情打磨得尽善尽美。大一大二两年间，我经常在教学楼自习到晚上十点半，直到结束铃声响起才离开。我想，勤能补拙，不断超越，总能成功。"能取得优异的成绩，与钱璞凡"勤能补拙，不断超越"的学习态度密切相关。

"其实就基础学科学习而言，相比于纯粹地学习知识点，更多时候更重要的是学习解决问题的基本方法。而这种解决问题的能力和精神是终身适用的，因为它永不过时。"这种注重学习过程的求真务实精神磨砺了他的意志，为他在科研之路上的锐意进取奠定了基础。

谈到选课与学习方法，钱璞凡认为："关于选课，就按照培养方案选课，不建议提前修读太多课程；不能将所有时间都安排给课程，要在选课的时候预见学习压力，匀出一部分时间给学生工作和兴趣。选课的时候尽量把课程安排在同一个时间段内。课程学习就是纸上得来终觉浅，绝知此事要躬行，可以从科研中反哺学业，在科研中增长见识、学习方法。要多看、多写、多记。"

谈到科研，钱璞凡分享了他在大一时一段难忘的经历。为了争取更早进入实验室，他主动联系化学系的老师，进入课题组的组会旁听，体验科研工作者的实验工作。参加课题组组会的大多是研究生，他常常是旁听组会的唯一一个大一学生。在这个过程中，钱璞凡觉得自己学到了很多书本上接触不到，甚至本科期间也不一定能学到的知识。

"在旁听的过程中，有些知识起初是听不懂的，"钱璞凡谈起他的旁听经历时说，"所以我必须花时间阅读很多与课题相关的书籍、文献，以便更好地参与他们的讨论。"

"我体验到的实验工作和想象中的略有不同。"在实验室中，会涉及许多基础性工作。有时，大家花不少时间，就是研究怎样更有效地把一根化学键"打断"。"这些看似只是很小的一步，恰恰可能是推动这个世界往前走一步的关键。"

此后，在扎实掌握专业知识的基础上，源于对有机化学基础研究的热爱，钱璞凡进入史炳锋教授课题组，积极参与国家杰出青年科学基金项目课题，探索过渡金属催化活化高效构建手性分子的有机合成方法学，发展了一类合成更为简便、性价比高的配体，能够快速构建一类手性药物的中间体，目前正准备撰写论文。对于未来科研的规划，钱璞凡计划做化学相关交叉学科的研究，继续追逐自己最初的梦想。

◎ 三、逐梦路上，群星璀璨

在繁重的学业之外，钱璞凡也在众多的学生工作中努力探索自己的无限可能。在大学生活中，他也确实遇到过学习和社会工作两相矛盾的情况。但学生的本分毕竟是学习，所以他会提高效率，尽快完成待办事项，然后立刻进入学习状态。不过他表示，大多数时候他也都能在工作日把该学的学好，然后把周末空出来留给社会工作。

或许是受个人心路历程的影响，为了让更多人了解化学、爱上化学，钱璞凡参加了化学科普类的浙江大学学生素质训练项目（SQTP）——"视觉之旅：化学的赞美诗"，并以此项目为基础，依托化学实验中心这一国家级实验教学示范中心，推动了浙江大学化学科普工作室的成立。目前，他作为化学系团委挂职副书记，继续负责科普方面的相关工作。

2019年暑假，钱璞凡作为"文化之光"社会实践团的一员，在青海黄南藏族自治州河南蒙古族自治县，度过了他大学前两年最难忘的时光。他与伙伴们一道，开展支教，帮助不同年龄段共300余名学生；走访40余户家庭，聚焦牧业生产合作社、电子商务直销等经济模式在少数民族自治县脱贫攻坚战中的因地制宜与创新方法。

"我在河南县生活了三周，不能说完全融入了当地人的生活，但也看到了这个中国西部小城努力发展的样子，也看到、听到了很多难以想象也无法言说的事。"他在三周的支教和走访中真切地感受到，与东部地区的学生相比，当地大部分孩子眼中的光似乎少了一些。针对这一现状，"文化之光"团队成员们商量，想通过"梦想课堂"的形式，引导更多的孩子到外面去看看。他们觉得，哪怕这只影响一个孩子，熬的每一个夜就不算白费。"至少对那个孩子，就是0与1的差别。"他说，现在也特别想再回去看看那里的孩子，看看他们朴实的笑脸；去草原夜晚的星空下吹吹风，看看那转瞬即逝的流星。

在学习和工作之外，他也注重培养自己的兴趣。他运营个人公众号"腊月鸢尾花"，创作诗歌文章，制作个人主页，更无法割舍对小提琴的热爱。

在他眼里，小提琴是需要倾注一辈子来打磨的。小提琴与钢琴不同：钢琴的音准和音色是确定不变的，小提琴的音准和音色全靠琴手的手感。因此，即使学小提琴有几个年头了，仍会有很大的进步空间。"这就需要日复一日地练习、打磨，以日臻完美。"

因此，钱璞凡认为，练琴如人生：不言放弃，坚守初心；不断打磨，力争无瑕。"古诗有云'十年磨一剑'，但一个人的成长哪只是十来年的事情？我们要用一生的时间来提升自己，超越自己。"如今的他感叹"霜刃未曾试"，期待一个厚积薄发的机遇。

"有人说，只需要重复六次的成功，便能拥有自信和社会地位。但我的第一次成功在哪儿？"钱璞凡用朴素的话语、自身的经历，为我们讲述对于专业的认知。很多人不热爱甚至不满意自己的专业，也不知未来到底何去何

从。对于别人都不看好的化学专业，他曾迷茫过，无法说出对化学的热爱。但后来，直到他放弃转去其他专业的机会，他才后知后觉地发现，原来"我对它是有热爱的，只是别人说它不好，我便不敢说它好"。

"因为遇见而有幸相识，因为经历而情有独钟。"无论是初选专业的大一新生，还是已经有一些专业经验的学长学姐，都该相信至少要尽力坚持过，才能知道自己是否热爱。

追梦路上，从来都不是一马平川。

学长寄语

心中有爱，行囊有梦，踏足之处皆是坦途。

徜徉学海，心寄家国

王修远

简介

姓名：黄荟颖

平台：2017级竺可桢学院神农班

专业：园艺

标签：iGEM竞赛、职规、科研

◎ 一、在实践中不断摸索——竞赛篇

对于黄荟颖来说，在过去的大学三年里，竞赛给了她很大的收获和帮助。

1. iGEM竞赛

iGEM竞赛像一场马拉松，漫长艰辛但硕果累累。这场竞赛通常会在每年年底拉开序幕，新一届比赛队伍选拔通知会在多个平台公布。

团队默契的协作是iGEM竞赛的关键，选择自己的队友并协调配合十分重要。经全校选拔后会形成初步的队伍，完成一个小项目，进行考核。一般春夏学期开学时，组建好正式参赛队伍（每队8~15人），开始准备选题，4月左右最终确定选题。团队分为干、湿两小队：干队负责建模、制作网页等不涉及生物实验的工作，湿队负责生物实验的设计与实施。

冗长且复杂的项目无时无刻不在考验参赛者的毅力与决心。队伍选拔环节一般包括小组项目展示、笔试、面试、冬季项目。iGEM竞赛环节还有初期、中期几次考核，以及在10月底前往波士顿进行最终的答辩展示（2021年及以后将会在巴黎进行答辩）。备赛的过程总是汗水与欢笑交织。在iGEM竞赛接近正式答辩的那段时间，黄荟颖和她的队友们总会通宵达旦。尽管疲倦，有一群志同道合的朋友为同一个目标奋斗却带给了她莫大的动力。

让黄荟颖印象最深刻的还有最终答辩展示那几天：为了使自己的答辩呈现最好的效果，当时他们在酒店房间里关了好几天准备PPT和英文演讲，既对项目做总结，又是不断突破自己。在自己的答辩结束后，他们去旁听别的队伍的答辩，感受到了不同知识的冲击。在紧张的赛程过后，夜游波士顿，在异域风光中放松自己疲惫的神经，也是黄荟颖美好的回忆。

在前期准备方面，iGEM竞赛需要大量专业知识基础，参赛的过程本身也就是对自己知识库的补充和夯实。准备时，可以多看一些项目相关方向（比如合成生物学）的论文或提早进入实验室学习。如果选择加入湿队，从生物实验方面出发，那就需要一定的实验技能和生物学基础知识。如果选择进入干队，则需要同学具备一定的对应技能。

备赛时还需要注意合理分配时间，课程学习同样不能落下。关于时间分配，黄荟颖推荐两个应用软件——桌面日历和小黄条。可以把每天、每周的计划安排放在电脑桌面上，更加有序地进行自己的工作。

如果准备加入iGEM竞赛干队，打好数理基础十分重要。除了实验，干队负责的数学建模、硬件设计、网页搭建等是项目不可缺少的重要一环。在整个项目中，数学建模在项目的许多方面起着主要作用：在实验开始之前，根据给定的限制因素判断实验设计的合理性；实验完成后，给出相应的解释以说明结果的正确性；在发生事故、实验不能全部完成时，在解释

黄荟颖于实验室

黄荟颖于iGEM竞赛现场

系统本身有效的过程中发挥作用。

黄荟颖所在团队的干队同学共设计了四个模型。对于杂交链反应（HCR），使用几个常微分方程来预测该生物化学系统的动力学特性。此外，团队还集成了图像处理工具和统计方法，以便为HCR中产生的特殊现象提供足够合理的解释和证明。对于硬件设计，需要应用流体动力学知识，在难以预先进行实验的情况下提供具有指导意义的建议。

在闷头实验的同时，还要不忘社会实践和宣传，聆听专家的声音和社会的需要，这可以明确方向并提高项目的可行性。可以适度结合上游的医院、下游的产业对项目进行指导和修正，尤其是对于偏向于应用的项目。黄荟颖团队在生物实验的基础上，积极开展了人类实践，首先通过冯医生关于宫颈癌的讲座了解具体情况，之后拜访浙大医学院附属妇产科医院的吕院长，与他沟通并征求改进意见。在硬件设计的干实验部分，黄荟颖团队最开始时与浙大张教授尝试合作制作微流控芯片；在设计硬件过程中也全程与卫生巾制造厂商沟通，以确保设计能满足低成本流水线生产需要；此外，还在浙大缪教授的帮助下进行荧光信号检测的测试和调试。

黄荟颖团队还组织了一场杭州地区iGEM竞赛参赛队伍的会议；在杭州市低碳科技馆进行了志愿者服务，宣传合成生物学，带领小朋友做了很多合成生物学相关小游戏；与卫生巾制造厂商合作设计了放在卫生巾中的知识小卡片，呼吁女性提高自我保护意识。这些宣传活动给黄荟颖和她的同伴们带去了莫大的满足感。

2. 职业规划竞赛

"人生不止是眼前的苟且，还有诗和远方。"黄荟颖认为参加职业规划竞赛这类比赛有很多收获——对自己的职业规划的确定及演讲能力的提升都有帮助，还可以获得科研竞赛加分。黄荟颖还特别感谢她的职业生涯规划课老师——杨倩老师，正是有了杨倩老师的鼓励和推荐，她才能收获这样的成果。

◎ 二、在学术的海洋中砥砺前行——科研篇

除了竞赛，带给黄荟颖巨大收获的还有科研。最初，她参加校级SRTP项目"Exploring the Stem Cells in Root Vegetables"，在农学院张明方、杨景华教授的指导下顺利结题并获良好评价。大二时，参加国际合成生物学领域顶级赛事iGEM竞赛，在生命科学院陈铭教授的指导下完成了创新课题"HPV快速检测"，并获全球金奖。之后，在农业与生物技术学院杨景华老师的指导下，在分子育种与种植创新实验室开展科研，并已形成论文。

黄荟颖大二时进入实验室，在经历了一段短暂的适应期之后，她逐渐总结出了一些经验：科研就是一个不断尝试的过程，尝试中的失败在所难免，成功的关键在于不断试错。不要畏手畏脚，担心犯错。在试错的过程中，可以厚着脸皮跟着学长学姐做实验，即使自己刚开始做实验时错误百出，也不要害怕不要气馁。做事大胆一点，脸皮厚一点，不畏首畏尾，不仅在科研上，在其他地方也有帮助。此外，要提早认识到失败是科研的常态。你的收获很大程度上取决于你愿意付出多少，收获和付出总是成正比的。作为学姐，黄荟颖还指出很多初入大学的新生开始时都不敢联系导师，主动性比较差，这会错失很多机会。

黄荟颖于云南红河支教

◎ 三、在党建中发光发热——社会实践篇

社会实践也是大学生活必不可少的一部分。黄荟颖在2018年浙江大学和北京师范大学联合支教活动中担任负责人，她所带领的队伍获得校优秀社会实践团队称号。她还在浙江大学竺可桢学院党建工作中心工作3年。作为主任的她一般负责组织大家开展活动，比如云南红河支教、冬至送饺子等活动。"党建工作中心是一个温暖的小家，在这里，我认识了许多优秀的小伙伴，也在许多活动中收获了很多。"此外，黄荟颖曾任新生军训副指导员，参与学生工作的经历也带给她很大的帮助。

学长寄语

无论是在学习、科研，还是在别的方面，脸皮厚一点，胆子大一点，自信一点，不要害怕错误和失败，你会发现你的潜力是无穷的。做科研要习惯失败，失败是科研的常态。在社会实践方面，建议大家多去参加支教类项目，支教不仅是给予山区孩子们帮助，也可以帮助自己收获很多，这是一个双向激励的过程。

有文有武，有农有工

付伟康

简介

姓名：梁启煜

平台：2017级竺可桢学院神农班

专业：农学

标签：科研、竞赛、出国交流、辩论、SCI论文

◎ 一、导语

农，天下之大本也。作为一名竺院神农班的学子，梁启煜用平常心面对日常学习生活，实现多学科交叉综合发展，坚持有文有武、全面提升自我修养；在社会实践里，他坚定了农学研究的志向；在对外交流中，他诠释了真正的国际视野；在科研竞赛的长路上，他展现了志存高远、追求卓越的精神；作为一名新时代的农科人，他具备卓越的科学素养和创新能力，擅长运用新方法新技术解决本学科研究难点，正走在成为未来生物科学领袖人才的路上。

◎ 二、课内学习：平常心面对，多学科发展

在梁启煜的眼里，大一大二时最重要的是有一颗平常心。

从刚入校开始，他就一直保持学习节奏，用他自己的话来说，就是尽量

保持每天晚上在12：00之前睡觉。这件事情也许听起来并不是那么难，但在整个学院激烈的竞争环境下，这体现了梁启煜对日常学习的态度——重视学业，却并不过分焦虑，用平常心面对学习。

作为竺可桢学院神农班的一员，他深深明白农学的新发明、新工程技术往往出现在交叉学科上，因此他敢于跨界，涉及更多的学科领域。他认为大一大二时要学好基础课程，而其中最重要的便是微积分和C语言程序设计。这两门课看似与传统农学并没有什么关联，却为他日后构建数据库并撰写相关的SCI论文打下了坚实的基础。也正是在对机器学习、数据库等领域的探索过程中，他感受到了技术革新对生物学领域的巨大影响，也尝试用更多的技术来解决科研当中的种种问题。

◎ 三、学生活动：有文有武，全面发展

在梁启煜眼里，参与学生活动首先要分清主次，将学生活动作为大学生活的一种补充，也就是要平衡好与课内学习之间的关系。在他的大学4年里，印象最深刻的莫过于加入竺可桢学院辩论队和浙江大学跆拳道校队。

他曾经在2018年担任竺可桢学院辩论队队长，后来带队参加浙江大学"启真杯"辩论赛，并获得4强。这个过程中，他与组员们一起分工协作进行赛前准备工作，以及面对对方辩友提出的问题，使自己的团队合作与协调能力得到提升，也为日后参加iGEM竞赛并担任浙江大学校队队长打下了基础。

而作为浙江大学跆拳道校队的一员，他向我们展示的是如何从一个进校时毫无基础的新人，一步步成长，最终站上香港国际武术竞赛的赛场，收获冠军的故事。但只有他自己才知道，从大一开始每周两个下午在跆拳道校队训练时留下了多少汗与泪；也只有他才明白，自己最大的收获是历经磨炼后的顽强体魄和百折不挠的心。

◎ 四、社会实践：在实践中收获成长

在大学四年里，梁启煜参加了大大小小数十个志愿者活动，累计志愿者服务达到343小时。而在这些志愿者活动里，他学到了许多在书本上、学校里不曾听闻的知识，更加深了对志愿者精神的理解。"我印象最深的是那次全国环境化学大会担任志愿者的经历"，他说道。

梁启煜在国际武术大赛上领奖

在那一次大会里，他的主要任务是安排参会人员的交通，最终获得优秀志愿者荣誉称号；这样的一次大规模会议，让他深刻理解：组织一次大型会议，需要各个工作部门之间清晰分工与密切合作。

此外，他在2018年暑假参加了"2018年浙江大学赴北京-内蒙古暑期社会实践项目"，并担任组织人员，他所在的团队被评为校级优秀实践团队；在2020年暑假参加"浙江大学经济学院赴广东省云浮市新兴县乡村振兴精准扶贫暑期社会实践项目"。作为一名中共党员，这样的两次深入乡村的实践活动让他更深刻了解了我国发达地区与欠发达地区之间存在的差异。而作为一名竺可桢学院神农班的学子，他更加明白了作为一名新时代的农科人，作为在未来农业科学领域发挥引领作用的领袖人才，肩上担负的责任与使命。

◎ 五、对外交流：走出国门才有国际视野

为了开拓自己的国际化视野，切身感受世界一流大学的氛围，梁启煜于2019年暑假参加了浙江大学农学院赴新加坡国立大学的暑期交流项目。环境优美、设备优良的新加坡国立大学让他看到了世界一流大学的先进水平，也更加深刻地意识到中国与先进发达国家的差异，更加坚定了学成报国、为中

华之崛起而读书的信念。在交流过程中，他汲取着知识，认真严谨地完成每一个实验。为了打破国外教授眼中"中国学生不善提问"的刻板印象，他在课程中积极提出建设性问题，课后也常常就学术问题跟老师进行激烈讨论。实验课上，他同研究生助教积极地交流，并提出许多在实验技术上的独到见解；时至今日，他们也经常在微信上交流生化实验技术。最终，他取得了总评为A的好成绩，同时获得了最佳表达（Best Engage Communications）奖。

作为竺院学子，国际视野是我们作为面向未来的领军人才必须具备的素养；而他则用自己的亲身经历向我们展示了一位真正的竺院学子是怎么走出国门，用客观理性的眼光审视现在中国与世界先进发达国家之间存在的差距，并用行为诠释何为真正的国际视野。

◎ 六、科研竞赛：志存高远，追求卓越

作为一名新时代的农学学子，梁启煜除了日常的课堂学习之外，亦热爱学术科研。从大二时在科研道路上迈出了第一步：加入浙江大学农学院作物所张国平老师的课题组进行科研探索并负责一项校级SRTP科研训练项目，开始向生物信息学进军。也正如他提及基础课程时说的那样，他在C语言程序设计课上打下的坚实基础让他进入了彼时课题组里面的学长学姐也少有接触的全新领域。正是志存高远、追求卓越的精神让他坚持了下来：他勇敢地踏上机器学习、数据库学习等方面的自学之路。如今，结

梁启煜参加交流活动

合自己在竺院深度科研项目中的经验和平日里积累的扎实基础，他构建了一

个大麦代谢组基因库，作为第一作者的SCI论文也即将发表。这一路科研经历让他感受到了技术革新之于生物学的巨大影响，也激励着他尝试使用更多的新技术来解决科研中的种种问题。

除了参加校内科研项目取得的累累硕果，校外竞赛获得的骄人成绩同样让梁启煜自豪。今年，他作为iGEM竞赛浙江大学代表队的队长，带领队员斩获国际金奖。当他回忆起这一段时光，他认为这份成功主要归功于团队之间明确的分工与紧密的合作：作为合成生物学领域的顶尖国际性学术竞赛，iGEM竞赛需要团队里的每个人齐心协力，完成自己最擅长的部分，并通过交流合作共同解决学术难题。在这一次iGEM竞赛中，梁启煜将团队分为两个组：一组专攻项目中生物理论和操作部分，另一组则主要进行如竞赛网页配置之类的其他方面的工作。通过将各有所长的队员适当分工，竞赛中的各项任务被有条不紊地落实下去，大大提高了团队效率。同时，梁启煜说，iGEM竞赛也对个人能力提出了一定的要求：自主学习能力、沉稳专注的心性，甚至抗压能力与爆发能力都极其重要。参加这类竞赛和进入老师的课题组参与甚至负责科研项目最根本的不同是：在课题组里，进行科研时老师会

iGEM竞赛小组合影

梁启煜接受吴朝晖校长表彰

给出研究方向与具体方案上的指导；而在竞赛里，科研方向的确定、具体选题、查阅文献确定实验流程、进行试验、分析数据、总结反思等都需要队员一起独立完成，许多远远超过日常学业范围的理论知识与实验操作也都需要自己去钻研、摸索，这就对每个队员的自主学习能力提出了一定的要求。此外，科研过程中必然会充满艰难险阻，许多方案的实际操作结果往往事与愿违，需要反思，从头再来。就像在iGEM竞赛中，梁启煜的队伍需要培养乳腺癌细胞，而在培养的过程中，他们遇到了不小的挑战：细胞对环境的要求非常严苛，需要专门的细胞房来保证极高的无菌要求，还要及时更换培养液，才能保证细胞正常生长繁殖。他们最开始培养的六种乳腺癌细胞不断减少，最终只保留下来两种，可是也正是这最关键的两种，为后来的实验提供了材料。在这个过程里，他们的团队没有灰心丧气，更没有去责难负责细胞培养的同学，而是团结一致攻克难题，完成了后续实验。在项目的最后阶段，梁启煜和他的队员要一起制作展示网页，他和另一名计算机专业的同学用了整整一周的时间，每天只睡四五个小时，一点一点地用自学的HTML语言完成了网站的构建。多学科交叉学习的他，又一次体会到了信息技术对于新农学的重要性。最终，他们团队的项目圆满完成，获得大赛评委的高度认可，斩获了一枚来之不易的金牌。

回首自己这四年的科研竞赛经历，梁启煜认为，除了自身要具备一定的能力，如知识积累、自主学习能力、抗压能力、多学科综合能力等能力之外，同样重要的是团队合作的能力。在iGEM竞赛这样大型的科研竞赛中，仅靠个人的力量是远远不够的，唯有分工明确，团结协作，才能产生更新颖的想法，得到更好的结果。而梁启煜在这条路上一直践行着的志存高远、追求卓越的精神，值得我们每一位竺院学子去学习。

◎ 七、结语

"谁终将声震人间，必长久深自缄默 。谁终将点燃闪电，必长久如云漂泊。"梁启煜很喜欢这句话。

这既是他对自己的概括：平时看起来不怎么活跃，却有着坚定无比的内心和对未来长远的规划——这让他成为了今天的自己；也是他对学弟学妹们的祝愿：希望每个人都能拥有自己的一片天地，将梦想实现。

学习、思考、挑战，创造属于你的不凡

李奕

简介

姓名：陶鋆奕

平台：2017级竺可桢学院混合班

专业：能源与环境系统工程

标签：科研、竞赛、学习习惯

"上下求索、不畏挑战"，是他对自己的定义。在一次次的学科竞赛中加强协作，在一天天的科研探索中拓展自我——无所谓不知道，只要勇敢去学；无所谓不可能，只要大胆去试。年轻，有时间、有热情、有勇气，没有什么不可以！

◎ 一、科研、竞赛篇

1. 勇于挑战、拓展边界

陶鋆奕参加过多次专业学科竞赛，并进行了一定的科研训练。面对科研竞赛中遇到的种种难题，他始终怀着挑战的热情，拓展知识的边界、能力的边界。在第十三届全国大学生节能减排社会实践与科技竞赛中，面对未曾接触的领域，他将自己埋在图书馆中，阅读相关文献，孜孜以求、丰富自我，学习竞赛相关知识，同时在实际应用中将知识结合实践，提高知识的应用能力。在竞赛中，陶鋆奕始终以团队为依托，不断提高自己的沟通、协作能

陶鋈奕（左一）与研究小组成员

力，鼓励各位成员发挥自己的优势，最终带领团队取得了国家一等奖的优秀成绩。

在科研探索的路上，陶鋈奕更是将不惧挑战的优秀品质发挥到了极致。面对公式推导的难题，面对数理基础还未达标的困境，面对师长严格的要求，陶鋈奕并没有气馁，而是逆风而行、迎难而上。一天又一天，一遍又一遍，书山有路，志士可行，挑战何言己所不能，功夫不负有心之人。

陶鋈奕强调，除了自己的不断学习，师友们的建议与分享也功不可没。所谓"听君一席话，胜读十年书"，是科研路上导师、学长在困难之时的点拨，关键之处的建议。

在克服挑战、发展自己的路上，陶鋈奕告诉我们，要始终保有一颗求知之心，一颗敢于面对困难、解决问题的上进之心。山重水复疑无路的后面，是再走一走、再试一试的柳暗花明。同时，在团队化的时代，陶鋈奕也提醒我们，"善于协作、勤于提问"是集中力量办大事的核心逻辑，以团队之力，助人助己，是每一位浙大学子应有的眼界与胸怀。

2. 夯实基础，兼顾兴趣

学业始终是大学生活中最重要的，而如何选课，也成了困扰大家的一个难题。对此，陶鋈奕有着自己独特的见解。作为一名工科生，他明确地意识到数理基础对科研攻关的重要性。因此，在完成培养方案的相关任务后，他选修了一些如偏微分方程、复变函数等会在今后的科研过程中起到作用的数理基础课程。基础决定高度，深谙此理的陶鋈奕也将这一原则贯彻到课程的选择中。他说，这个选择为他本科期间的科研训练打下了较好的基础。

当然，要成为能当大任的领袖人才，除了数理基础等硬核课程，陶鋈奕也选择了不少"兴趣课"。他说他虽然是一名工科生，但是也会选修很多历史人文方面的课，比方说国懿老师的"中国外交"、赵辉老师的"现代中外关系"。

陶鋈奕坚持夯实基础、兼顾兴趣的原则。他会先将任务列出，将重点的学习任务等排在第一时间完成；在空余时间，兼顾兴趣的发展，做到劳逸结合。

3. 善择良师、智选课题

陶鋈奕对自己的导师选择与研究方案感到较为满意。他也向我们介绍了相关经验：第一，结合自身实际情况。面对多样化的导师选择，是向学术声誉高、资历长的"大牛"求教，还是向活力十足、不断攻坚科研的"新星"咨询？这些都需要结合自身情况进行考量：可能在"大牛"团队中，需要更自主地学习与研究；而在"新星"麾下，可以得到更多帮助。第二，研究课题要结合自身兴趣。陶鋈奕认为，在学术研究之中，兴趣十分重要——"在梦想面前，学科与方向不值一提"。对于许多同学而言，清晰地了解自己的兴趣也是一件难事。针对这种现象，陶鋈奕认为知道不想做什么比弄清楚想做什么更简单。在选取研究课题时，可以采用排除法来一步步缩小选择范围，最终确定心仪的研究课题。

4. 独立思考、勤于发问

陶鋈奕说，在科研过程中，导师为了培养他的能力，不许他使用现有的模型，而要求他自食其力、重新创造。他认为这种培养方式极大地提升了他独立思考、解决问题的能力，有利于科研水平的进一步提高。当然，陶鋈奕又补充道："独立思考并不意味着故步自封。"在日常科研中，他在遇到实在解决不了的问题时，也会积极向前辈们提问；在科研组会中，他会谦虚地听取导师等提出的建议。

陶鋆奕认为，无论是独立思考，还是勤于发问，都是为了项目的更好进行、能力的不断提高，为今后长久的科研生涯打下牢固的基础。坚持目的导向，用多种多样的手段提升、提高，是科研途中应该具备的品质。

陶鋆奕出国交流

二、学习、工作篇

1. 始于坚持，终于兴趣

对于所选的学科以及专业，陶鋆奕有着不一样的视角。初入能源工程学院能源与环境系统工程专业，面对学长"毕业去烧锅炉"的调侃，陶鋆奕也曾心有戚戚，迷茫徘徊。但是，兴趣在于培养，怀着"不妨试一试"的念头，他坚持了下来。这一坚持，就是四年。从初入大学时的青涩，到告别本科生涯时的成熟，在这个他倾注了四年时光的专业，他学到了许多前所未闻的有趣知识，结识了一位位或严厉或体贴的师长、好友。

当被问到为什么选择现在的专业及以后的选择时，陶鋆奕回答道："一直在这个专业待了四年，虽然有一些我不太喜欢的地方，但是也有许多我感兴趣的、想知道的，所以以后还是会坚持。再者，随着科研的深入，我对一

开始不清晰的方面也有了规划，知道自己以后想从事新能源领域的工作。"陶鋆奕计划先出国留学一段时间，未来在电化学的燃料电池方面攻关。

其实每个学科都有自己的闪光点，坚持下去，兴趣就慢慢有了。随着对专业的深入了解，陶鋆奕逐渐发现自己的兴趣所在，并不断突破、不断超越，取得了优异的成绩。始于坚持，终于兴趣，这是他与能源工程学院能源与环境系统工程的羁绊与约定。

2. 公益为人，从心做起

当谈到公益服务与学生工作时，陶鋆奕展现了一个中共党员应有的认识与自觉。少几分功利，以诚挚、热心的态度去做志愿者服务、社会实践，在奉献中提升自己，是陶鋆奕对公益的认识。为文如行云流水，常行于所当行，止于所不可不止。在陶鋆奕的世界中，公益服务也是如此。发自内心的公益、基于热诚的服务，才是最有收获、最有价值的。作为中共党员，他也始终秉持着这样的信念在行动，在空闲时坚持做公益服务。同时，担任竺可桢学院本科生第三党支部组织委员的他在党建上也花费了不少心血。对于有理想、有信念的优秀成员，他坚持沟通，不断将优秀学子吸收进入党组织，共同努力、共同进步。

◎ 三、结语

常怀赤子之心，以铸平生之志。热情的生活态度、不断攻坚的科研精神、奉献助人的理想情怀……四年时光匆匆流转，不变的是少年风采、书生意气。相信陶鋆奕会始终以挑战者的形象去超越，以思考者的姿态去改变，以奉献者的身份去成就。期待他学业有成，重归"浙"里，仍是少年。

学长寄语

不逼自己一把，怎知自己有多优秀？

畅游于"数"海

李龙飞

简介

姓名：黄思思

平台：2017级竺可桢学院医学试验班

专业：数学与应用数学

标签：科研、学业、竞赛、交叉学科、出国交流

◎ 一、基础——专业选择与学习

竺可桢学院医学试验班实行的是"八年一贯、两段完整"的"4+4"培养模式，即学生完成前4年非医学本科专业学习并达到学校要求后，进入后4年医学博士培养阶段。在这个班级中的大多数同学都会选择药学、生命科学、生态学、生物医学工程等与医学相关度较大的专业。而黄思思选择了数学与应用数学作为自己本科阶段的主修专业。在她看来，数学是纯粹、美丽的，她选择数学，正是因为她对数学的浓厚兴趣。她喜欢完成一道道数学题给自己带来的成就感。

黄思思认为，数学的学习锻炼了自己的思维。数学知识看似对医学学习没有实际用处，但当另外一些缺少数学背景的生物医学等领域的同学对文献中的公式感到头疼时，黄思思却可以快速理解。数学学习还使得黄思思具有处理生物医学领域复杂数据的能力。

在数学学习过程中，黄思思也遇到了许多困难和挫折，但她懂得向老师

与同学请教。在这个过程中，黄思思极大地提升了自己的专业和学术思维能力。

◎ 二、提高——竞赛准备

对于有意向参加数学和物理竞赛的同学，首先要自己主动在浙江大学本科生院办公网以及教务网上了解相关信息。下面是黄思思为我们整理的与数学、物理竞赛有关的信息和建议。

浙江省数学竞赛一般在每年5—6月进行，所以在5月就可以开始留意有关的通知了。

全国大学生数学竞赛大概在10月进行，在秋学期刚开学时就可以关注。

丘成桐数学竞赛一般在春学期末进行，但这个竞赛在浙江大学一般只有求是科学班（数学）的一小部分同学参加。

浙江大学数学建模竞赛在5月前后进行；之后就可以留意全国大学生数学建模竞赛（简称国赛）的通知，大概在暑期刚开始时或末尾时学校会组织培训。

全国大学生数学建模竞赛在每年9月进行，浙江大学会为学生提供专门的住宿，让一支队伍的成员在一起度过三天。

黄思思在微积分讨论课上为同学们讲课

美国大学生数学建模竞赛一般在寒假期间进行。

全国物理创新理论竞赛大约在12月进行。

对于竞赛的准备，最主要还是靠平时的积累，在竞赛前并不会有很多的大量集中的时间，即使有时间，也会因为内容太多太杂而很难下手。对于数学竞赛的准备，平时可以多看看谢惠民的《数学分析习题课讲义》以及丘维声的《高等代数》。同时，学会自学以及为他人讲解题目会有很大的帮助。黄思思在大一时学习了卢兴江老师的微积分课，卢老师会让学生在课上自己讲解题目，使她有很大的收获。对于数学建模竞赛，基本要求是熟练掌握Matlab、R、Python、C这四种语言中的两种，并能够熟练运用Latex。

黄思思认为，竞赛最重要的是重在参与，不轻易放弃。在决定参加之后，需要先熟悉相应的比赛流程和考察的知识范围，做好充足的赛前准备；在比赛时，争取把每一道题都写满。如果能够取得好成绩，那自然最好；但若是没有获奖，也能够在竞赛过程中得到许多收获。事实上，只要你付出了相应的努力，便不虚此行。

◎ 三、视野——出国交流

由于疫情，黄思思参加的国外科研项目改成了线上进行。尽管她感到十分遗憾和伤心，但她仍然积极主动地参与线上科研项目。在线上科研交流的过程中，黄思思对科研有了新的认知。她明白了提出新颖且具有可行性的观点是成功完成科研项目的极为重要的一部分。同时，快速提出猜想并快速验证的能力、快速学习新知识和高效解决问题的能力也十分重要。如果对出国科研交流的项目有兴趣，可以自己主动发邮件与美国高校教师联系，也可以紧密关注国外与浙大有联系并已有学长学姐进行过交流的实验室的动向。

除了出国科研项目以外，竺可桢学院还为学生提供了许多出国交流项目，许多交流项目都会由学院报销一部分费用。黄思思在大一时就参加了浙江大学与加利福尼亚大学戴维斯分校组织的出国交流项目。在这次交流项目

黄思思在美国加利福尼亚大学戴维斯分校

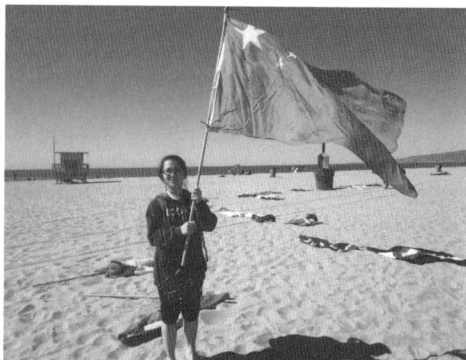

黄思思在美国海滩上举起中国国旗

中，黄思思不仅玩得十分开心，还拓宽了视野。如果想要参与学院组织的交流项目，需要自己积极主动地去院网上了解有关通知并及时报名。黄思思认为，由于课业压力的不断增加，这种交流项目应该尽早参加。

◎ 四、外延——兴趣爱好

黄思思有着十分丰富的兴趣爱好。在学术上，她对数学、统计学、编程、生物学、医学都有一定的涉猎。这种丰富的跨学科交叉知识提升了她综合运用知识和处理复杂问题的能力。在体育上，黄思思参加过篮球、羽毛球、乒乓球等比赛，并均取得了一定的名次。黄思思也有着较好的团队协作能力。黄思思还喜欢唱歌、下棋、打牌，以及狼人杀、剧本杀这些推理游戏。同时，黄思思从小就喜欢中国象棋和绘画，曾在小学时得过全国绘画金奖。广泛的兴趣使得黄思思能够与任何领域的人进行愉快的交流，理解他人的快乐并获得更大的收获。

◎ 五、探索——科研

在黄思思看来，进军实验室做科研并不是越早越好。在大一和大二阶段，最重要的是要学习相应的课业知识，努力提高自己的能力，为未来的科研做好准备。只有具备足够的基础知识，在未来进行科研时才能够更加得心应手。黄思思在大三时才开始科研，但这并不意味着实验室科研不重要，在低年级时也可以进入实验室进行初步了解，比如可以去旁听组会、与老师等交流、阅读相关文献等。

在科研过程中，被拒稿、稿件被批评得一无是处是十分常见的。在这种时候，需要放平心态，好好修改。科研的过程是一个不断试错以后不断提升自我的过程，这种挫折恰恰是鼓励自己前行的最好动力。

◎ 六、根基——生活习惯

在日常作息上，黄思思一般不超过十二点睡觉。她坦言，随着未来学习与科研压力的增大，保持早睡早起可能会变得更加困难，但她相信自己能够提高日间的学习效率，保持每天的理想状态。在黄思思看来，我们没有必要以牺牲睡眠时间为代价来增加学习时间。坚持锻炼、保持身体健康才是保证高效学习的必要条件。

学长寄语

快乐地学习生活，身心健康是最重要的。

做梦想的主人

张皓祥

简介

姓名：李兆丰

平台：2017级竺可桢学院混合班

专业：计算机科学

标签：科研、竞赛（物理、数学、建模）

◎ 一、学科学习

作为计算机专业的学生，李兆丰的学业是十分繁忙的。但他认真踏实学习，在学业上保持优秀，对此，他感受颇深。

他坦言，优秀的同学有很多，应该多向身边的人学习，因为每个人都有值得学习的闪光点。同时他提醒我们，从高中以来养成的好习惯不要丢掉，比如平时上课时跟上老师的节奏，不要到期末熬夜补课。对于课程，要分清主次，专业核心课肯定要比选修课重要，且专业课的学分也比较多，因此一定要重视专业课的学习。同时也不要忽略选修课，因为它们也是学生本科课程的一部分。对待选课，他建议同学们合理搭配必修和选修课。假如某一学期的专业课任务比较重，可以少选一些选修课，这样不至于在期末"爆炸"。当然，最重要的还是在保证学习质量的前提下，结合自身情况再去追求课程数量和学分，量力而行。

对于学习过程中的时间管理问题，他认为是因人而异的，因为每个人的学习特点、学习规律不尽相同。既然不同，那么每个人找到让自己高效的模式并坚持下去，才是最重要的。对个人而言，他不太建议一整天都在学习，因为这样很难保持高效。他一般会选择上午学习，下午或晚上打球放松一下，或是去做一些志愿者服务；或者上午学一些偏理论的内容，

李兆丰参观企业

下午动手实践、写写代码。但是无论怎么安排，都需要在专心学习的时候远离手机。他也鼓励同学们要多跟身边的人交流，这也是提高效率的方式。他特别强调同学们不要熬夜，否则可能要第二天中午才开始学习，也很难高效。应该好好利用白天及晚修的时间。

面对如何提高执行力这个大难题，李兆丰认为应该内省。有时候，执行力不佳可能是因为想法太大、太空，看不到成果，无法感受到成就感，因此容易放弃。对此，他的建议是制订好计划，把一个大目标分解为好多步，这样每一步相对来说都更加容易实现。在成就感的激励下去执行，一步步把想法转化为行动。

整体规划上，他建议大一的学生先不要给自己太大的压力，不要选太多课。由于大二大三的学习与科研任务会越来越繁忙，大一的时候，在学好核心课的基础上，可以参加一些社团和学生活动，做做志愿者服务。参与其中，你会结识一群能够在学业、生活上互帮互助、共同进步的小伙伴。

◎ 二、竞赛方面

李兆丰参加了多项竞赛，对各种竞赛都有一些深刻的个人感悟。

在数学建模竞赛方面，主要是国赛与美赛。他提醒，国赛要先经过校赛的选拔，时间在每年的4月左右，一般建议想拿奖的同学先在大二大三时参

加两次，积累经验。美赛在每年1月底左右，拿到M奖以上才会比较有用。他个人认为，国赛的含金量更高一些，需要的投入也更多一些。

李兆丰参加新加坡暑期交流

关于数学建模竞赛的准备，在大一暑假的时候，他通过一门小学期课程接触到Matlab，后来又找了求是科学班（数学）的同学组队参赛。他运用了Matlab/Python/R，写论文时还学习了Latex。在他看来，准备数学建模竞赛最重要的还是接受系统、专业的指导，而不是自己闷头准备。他建议想要认真准备的同学，若精力允许，可以去上谈之奕老师的数学建模课程，接受更加系统、专业的指导，更了解出题、解题的套路，也更容易找到满意的队友。当然了，即便无法上课，也应想办法找到有获奖经验的同学组队。

对于物理、英语竞赛这些跨学科的竞赛，他鼓励以兴趣为导向，以课程学习为基础。比如混合班有数学分析、普通物理这些难度比较大的基础必修课程，学好它们不仅有利于提高绩点，对参加数学、物理竞赛也很有帮助。李兆丰在高中就参加数学联赛并获奖，大一大二的时候也对数学、物理比较感兴趣，因此报名了参加数学竞赛和物理竞赛。如果不是本专业的学生，他建议大家将课程学习作为准备竞赛的手段，一举两得，不必为了竞赛而竞赛。

对于英语竞赛，李兆丰认为可以把它们看作对自己英语能力的检验。特别是对于想出国的同学而言，参加英语竞赛也是锻炼自己口语、写作能力的好机会。英语的积累在平时，每天都坚持练下口语，口语水平一定会有质的飞跃。大家可以利用大一英语课的机会多结识外语专业的同学，和他们约口语对话等。无论是否打算出国，学好英语对保研、求职都是有益的。

在准备竞赛时，同学们难免会碰到时间难以协调的情况，李兆丰认为，这个问题与如何更好地进行时间管理、提高效率是有关联的。他提醒有竞赛

李兆丰参加新加坡暑期交流合影

打算的同学要提前做好整体规划。如果这学期打算参加竞赛，就不要选太多的课。另外，他认为学好基础课程对竞赛很有帮助，社交中结识的同学可以一起讨论学习问题。当然，学业永远是最重要的，无论是打算保研还是出国，专业课成绩都是最重要的，千万不要忽视。

◎ **三、科研方面**

科研往往是学生最难入手的一个环节。对于本科生该如何开始并适应科研，李兆丰分享了自己的心得。

对新生入门科研，他认为能够找到一位善良、愿意引领的导师和一个氛围较好的实验室很重要。这需要详细咨询本专业的学长学姐。当然了，大学生在本科阶段前期的重点还是在于专业课的学习，不要在科研上投入太多，以免影响课程的学习。

当真正进入科研时，他鼓励大家更多地探索、寻找方向。其实科研兴趣是很容易变的，尤其是对新生而言，由于没有真正接触过科研，对兴趣的认识往往比较模糊。在这个阶段，新生可以多聆听学长学姐的科研经验和体验，结合本校本专业的优势领域选择科研方向。在准备阶段，新生可以利用

假期自己学习一下基础知识，或是联系导师进入实验室。总之，信息交流和科研方向的选择很重要，不建议自己一个人闷头做。

此外，他认为本科科研比较灵活，换方向、换实验室是比较常见的事情。因此，他建议同学们如果感觉目前实验室的氛围很好，也出过不少成果，自己又感兴趣，那就可以坚持下去；否则的话，去探索更加广阔的领域也是不错的。

在科研选题研究方面，李兆丰提供了几条途径。首先，学校会组织SRTP，给出教授们正在从事的课题，大家可以从中选择。比如计算机学院是在大二春夏学期举行SRTP宣讲会。此外，同学们也可以关注老师个人主页（https://person.zju.edu.cn/index/），一般年轻老师的实验室可能会长期招人。

在科研过程中，与学长学姐的良好沟通十分重要。本科生科研一般是跟随实验室里面的研究生做，参与他们的在研项目。研究、实验、推动项目其实是建立在大量论文调研的基础上的，要求充分总结、厘清研究思路和存在的问题，提出创新的解法。这是一个比较综合的过程，可以多跟本专业的学长学姐交流，看看他们是怎么处理问题的。

有时候，科研中会遇到很大的挫折，需要我们及时调节。对本科生而言，大家不妨先把它当成一个项目大作业就好。因为本科本来就是一个探索自身兴趣、认识自己的阶段，及早弄清自己到底适不适合科研、对什么领域感兴趣，这个更加重要。因此，对待科研，本科生最好抱有轻松的态度，不必有太大的心理压力，这样也有利于灵感和创新想法的出现。

回首过往，美好而辉煌；身处当下，自信而坚强；面向未来，积极而充满希望。有目标、有动力的人生更加令人神往。李兆丰就是这样一位向上进取的人。面对未知的挑战，他张开双臂，自信拥抱属于他的荣耀。

学长寄语

日拱一卒，功不唐捐。以梦为马，随处可栖。

孜孜以求，不忘初心

王修远

简介

姓名：郑家瑜

平台：2018级竺可桢学院求是科学班（化学）

专业：化学

标签：数学建模、科研、英语竞赛、志愿者

◎ **一、成功无捷径，天道仍酬勤——竞赛篇**

1. 数学建模

我们对"数学建模"这个词，其实并不陌生。在数学建模方面，郑家瑜有着亮眼的成绩。

因为打算向计算方向发展，郑家瑜大二时和同学自发组队，首次参加美赛。他花费大约半个月时间自学，最终获得了一等奖。数学建模竞赛要求参赛者在短短3~4天时间内就一个相对大的制定项目完成建立模型、求解、验证以及论文撰写的全部工作。因此，高效的团队分工至关重要。郑家瑜指出，在选择队员时，一方面，在性格上要能合得来，否则在比赛过程中会出现很多矛盾；另一方面，最好专业互补，可以大大缩短熟悉题目的时间，有助于取得更好的成绩。在郑家瑜的团队中，一人负责用Latex写论文，两人负责建模和求解，各司其职。然而，分工也是建立在交流研讨、头脑风暴的基础上的。在团队竞赛中，比起突出的个人能力，更为重要的是统筹规划和

81

团队协作能力。郑家瑜指出，在3~4天的比赛中，前2天基本上以讨论为主，确定主攻方向，从而避免在最后的宝贵时间内进行无用的计算。在2020年10月，郑家瑜还获得了浙江大学第十八届大学生数学建模竞赛二等奖。在他看来，国赛和美赛题目有一定的差异，需要参赛者在备赛过程中仔细体会。

"机会总是留给有准备的人。"在赛前准备方面，郑家瑜通过数学建模课的学习和老师的指导掌握了基本建模方法，还参考了网上对大部分题型的总结和标准化建模的模板。他指出，参赛者至少要会用Matlab，会写Python，从而在已有的模板上进行修改，使其适合当前赛题。Matlab是十分"给力"的软件，本科期间数学建模时要用，研究生期间做科研时更要用。"数学建模不只是文字方面的实现，也是实际操作的具体体现。"郑家瑜列举出的要熟悉的软件还有Excel、Spss等。对这些软件的掌握不能仅停留在表面，而是需要深入挖掘、学习。以Excel为例，它其实是一个功能十分强大的工具，可以和众多软件进行无差别化交流对接。

此外，郑家瑜认为，有些数学建模的方法和模型十分有趣和巧妙，看懂之后会有恍然大悟的愉悦感。比如拉格朗日差值法，利用数据点拟合曲线，其中蕴含的方法也可以用来应对平时学习或者科研中的不时之需。鉴于美赛和国赛的参赛经历，郑家瑜认为美赛的获奖难度较国赛略低一些，因为美赛的一等奖比例较高，且参赛队伍多，所以建模新手也可以大胆报名参加。

2. 英语竞赛

进入浙江大学以后，郑家瑜坚持英语学习。凭借优异的英语水平，他在大赛中屡获佳绩。在秋学期开学时举办的浙江大学英语阅读竞赛，是浙江省英语竞赛前的第一次选拔，郑家瑜获得了第二名。之后，他在负责老师的指导下，参考往年的样卷进行了更加系统的准备，最终获得了2020年全国大学生英语阅读写作竞赛复赛浙江赛区特等奖。

郑家瑜的英语水平不是与生俱来的，而是日积月累付出的成果。在出国深造的明确目标指引下，他踏实充分地准备TOEFL、GRE考试，每天都会抽出固定的时间"刷题"。他认为英语的学习中，比起学习技巧，更重要的

郑家瑜（左二）和他的团队

是坚持付出。无论是听说还是读写，扩充词汇量尤为重要，随着词汇量的增大，语法和句式上的困难会随着阅读量的增大而逐渐化解。

经过多次英语竞赛的锻炼，郑家瑜意识到，考试的难易程度是不可控的，但是英语实力可以日积月累，其中考试技巧有时能起到四两拨千斤的作用。关于英语竞赛，掌握考试技巧同样不可忽视。作为一场每年有上百万人参加的比赛，英语竞赛题型虽杂，但题目整体难度和六级相差不多，考的主要是速度。做题快是建立在扎实的语言基础、正确的备考策略、高效的做题顺序之上的。郑家瑜说："没有什么备考方式比全真模拟更好了。"全真模拟最好能做到在同样的时间、同样的地点、同样的卷子、同样的播放听力的方式。对于考场环境，需要提前做好心理准备，这样可以最大程度地避免考场上突然紧张、发挥失常。

◎ 二、兴趣驱动，水到渠成——科研篇

取得卓越的科研成绩，离不开坚定的信念、异禀的天赋、持续的付出。在我看来，在本科阶段找到自己的科研兴趣，有过为之奋斗的经历，并得到老师的认可，发表一些论文，从而为保研或出国申请打下坚实的基础——这就称得上是优秀的科研了。而做到这些，对于我们来说是可期的。

郑家瑜在大二就收获了丰富的科研经历和成果，目前在浙江大学有机与药物化学研究所参与科研训练，从事机器学习领域的科研工作，且合作发表的一篇论文被收录至SCI期刊*SYNLETT*。他认为，除求是科学班（化学）的学业导师外，想要参与科研项目的同学可以主动联系其他的导师。初入实验室时，郑家瑜和大多数本科生一样，基础比较弱，但他主动帮学长学姐做一些比较基础的工作。在熟悉工作和与学长学姐交流的过程中，他学到了很多有用的知识技能。由于平时课余时间有限，郑家瑜充分利用了大二的暑假与学长保持联系，请教学习。在疫情的影响下，大多数实验室相关的科研项目都不得不被搁置，幸运的是，郑家瑜的项目更加偏重建模和计算，在家中仍然可以稳步推进。最终，他和学长合作的项目成功申报SRTP。

在逐渐融入实验的过程中，郑家瑜意识到，专业课程和实际科研间有较大的跨度，并不是学过专业课就可以直接做科研的。相比之下，学长学姐的宝贵经验能帮助本科生更快地适应科研工作。

◎ 三、开阔视野，拓展性格——社会实践篇

在兼顾学业和竞赛的同时，郑家瑜还活跃在各种实践活动中。他在大一时加入了竺院辩论队和另一个社团。大二时，他加入浙江大学学生模拟联合国大会，并担任副会长。他最初在完全没有经验的情况下参加了一次在南京大学举办的模拟联合国大会，面对不熟悉的规则，毫不怯场，敢于表达。之后，在每年11月浙大举办的模拟联合国大会中，郑家瑜在参会的同时还负责很多场务后勤工作，忙碌却快乐着。对于郑家瑜而言，社团的意义更多地在于充实了单调的学习生活，做了许多之前没有机会做的事。他在浙大模拟联合国大会中遇到许许多多志同道合的人。

郑家瑜还参加了第十一届竺可桢学院领袖培训计划，其中有关即兴演讲、活动组织的培训，以及美国北卡罗来纳大学的交流项目都使他收获颇丰。

志愿者活动也给郑家瑜留下了难忘的回忆。他通过志愿汇报名参加了浙

郑家瑜于美国北卡罗来纳大学

大经济学院的辅学项目，给浙大后勤员工的子女辅导学业。他所加入的三人小组负责辅导一位宿管阿姨的女儿整整一个学期的学习，最后还收到了一封长长的感谢信。他认为，这个活动不仅给后勤员工，也给志愿者们带来了莫大的温暖和满足。然而，在志愿者活动趋于功利化的背景下，郑家瑜坚持认为，能够去做自己真正想做的志愿者活动，收获自然会更大。

学长寄语

现在这个大环境下，"内卷"出现的频率很高，但仍然要保持自己独立判断的能力，做事时清醒一点，不要太随波逐流。追求高绩点不一定是一件坏事，但没必要刻意去竞争，最好能找到有意义的并且与增长绩点不冲突的事情。

脚踏实地，独辟青春蹊径

叶雨琪

简介

姓名：王宇晗

平台：2017级竺可桢学院混合班

专业：计算机科学与技术

标签：科研、竞赛、出国经历、学习习惯

◎ 一、与计算机竞赛不得不说的二三事

怀揣着对计算机的兴趣，加上身为大学计算机老师的母亲的引导与帮助，王宇晗在初中时期就有了计算机竞赛的经历。在这些竞赛中取得的成绩进一步激发了他对计算机的热情，促使他在大学时选择了计算机专业。中学时信息竞赛的参赛经历使王宇晗较早对大学信息竞赛有所了解。在身边的一些同学因为学习的忙碌与竞赛的辛苦而"转身离去"时，王宇晗选择继续与竞赛"并肩而行"。他说，大学的竞赛不再是单打独斗，三个队员，五个小时，紧张激烈的比赛让他感到更加刺激，更加富有挑战，也再一次激发了他对竞赛的浓厚兴趣。

大一时，王宇晗进入了浙江大学程序设计竞赛基地。基地会在每年的冬学期面向大一大二大三的同学进行宣讲，宣讲结束后，同学们就能了解到进入基地的途径。在经历了"新手上路"环节的预热之后，接踵而来的是暑期"七月集训"的重重考验，如果通过了这些测试，那么就可以在大一结束时

王宇晗（右一）与队友在比赛

成为基地的一员，在大二时走上"赛场征途"。而在国际大学生程序设计竞赛（ACM）方面，王宇晗则有着自己的独特经历。大一开学前，在求是科学班（计算机）同学的邀请下，他们联系了学长和学院的教练，最终参加了ACM备赛的暑期集训。他们积极自主地争取机会，就此开创了暑期集训吸纳大一新生的先例，后来，吸纳大一新生成为了集训营的常态。

光辉背后不乏辛苦，荣誉之前必有汗水。与竞赛结缘，带来的不仅仅是与众不同的学习生活，更需要与众不同的辛勤付出。例如，仅暑期便有两次集训、一场个人比赛和一场团体比赛，每次集训都长达2~3周。开学后，每周末至少有集体训练及每个队伍的单独训练，每一场训练都长达5小时。刚进入大一时，同学们都想加入一些组织和社团来充分体验大学生活，然而竞赛所占用的大量时间让生活变得非常劳累和紧张，因此王宇晗离开了之前加入的两三个社团，最终只保留了一个微软俱乐部，而在大一后期，他参加俱乐部活动的频率也大大减少了。他说，在紧张的大学生活里，如果想要取得不错的竞赛成绩，那么一定的时间牺牲是不可避免的。如果想要搞好竞赛，就应该安排好自己的时间，面面俱到并不总是好的选择。

繁忙的竞赛生活让王宇晗拥有了不同于教室和图书馆的独特自习室。平

王宇晗（左一）在国际大学生程序设计竞赛亚洲区域赛现场

时，他和同学们常在训练的实验室里争分夺秒，抓住训练开始前和结束后的一切时间完成作业。

◎ 二、"战鼓"擂响前

与数学建模给出一定时间让选手上交一份结果再进行评估的形式不同，计算机竞赛往往是限时五个小时，完成十二道左右的题目。比赛过程中，参赛队员可以随时提交任一题目的解答，并得到是否正确的反馈，每一道题只有通过与不通过之分，最终根据通过的题目数量排名，通过题目数量相同时再比较每道题通过的时间和错误提交的次数。获取模拟题目的途径主要有codeforces、洛谷等网站，也有一些求职用的网站，如牛客。洛谷上对应不同的知识点有不同的题目，可以进行有针对性的练习；而codeforces上可参加一些限时的模拟比赛。

对于没有竞赛基础的同学，建议从简单到难，先在洛谷这样的网站上进行训练，把知识点补充好，再上codeforces参加一些限时比赛。codeforces 上的比赛往往开始得比较晚，大多在晚上11点到12点，所以准备比赛时，熬夜是不可避免的。

王宇晗（左二）在小米邀请赛现场

◎ 三、"抱团"精神，大杀四方

团队合作在计算机竞赛时是十分重要的。王宇晗说，在比赛时，只有达到"1+1+1>3"的状态，才能与最强的队伍竞争。在比赛时，虽然一个团队中有三个人，但只有一台电脑，这就意味着同一时间只有一个人可以在电脑上做题，所以一个队伍的战术十分重要。例如，一个人在做题时，另外两个人一是要思考题目，二是要去调整之前没有写出来的题目。

对此，他分享了两段印象最为深刻的经历。

进入校队后，每个队伍都会有自己的序号，序号是队伍的水平排序，数字越小，队伍能力越强。有一次训练时，王宇晗所在的三队表现得十分糟糕，甚至劣于七队，于是就被学生教练叫去单独谈话。单独谈话时，三个人在严肃焦灼的场面下就比赛中到底出了什么问题、这个问题是谁造成的发生了争执。实际上，在比赛过程中，这样的争执并不少见，但最后，大家都会就出现的问题来调整。大家往往不希望发生争吵，但如果能通过争吵找到问题，最后予以解决，这样的争吵也是不错的。

大二时的一次比赛，当比赛进行至第四个小时时，王宇晗和他的队友只

王宇晗（右一）与队友在国际大学生程序设计竞赛现场

通过了三个题目，两个题目有思路但没有完成代码的编写。但是如果想要获取金牌，就必须通过五个题目。如果在平时的训练中，他们可能会选择稳健地通过一个题来获取一个还不错的排名。但在比赛时他们都不满足于只获得银牌的结果，决定挑战通过两个题，这意味着在最后一个小时内，他们要完成总计四五百行的代码。其中一道题由王宇晗在还剩半个小时时完成。而最后一道题，他们一直写到了还剩最后五分钟，在离比赛结束还有两分钟时，他们终于"凭着感觉"修改了代码的一部分，将最后一道题提交并通过。这样紧张刺激的经历、坚持到最后一分钟也不放弃的团队精神，让王宇晗一直铭记于心。

他说，比赛时的心态是十分重要的。在比赛过程中，会有实时排行榜，给选手造成的压力是不言而喻的。心态良好、保持冷静、永不放弃、互相信任……这些在比赛时都至关重要。

◎ 四、当竞赛邂逅专业

就功利角度而言，计算机专业的学生如果想要找一个好的工作，参加程

王宇晗（左一）与队友在西安比赛现场

序设计竞赛是十分有益的。如果拿到过竞赛的金奖或银奖，不管是实习还是招聘，可以不用参加笔试，直接进入面试环节。虽然参加竞赛对提高专业课成绩没有特别大的作用，甚至还会占用一些学习时间，但竞赛可以提供一种新的思维模式，使人在技能上有极大的提升，并学到专业课以外的知识，可以说是大有裨益的。

在维持学习和竞赛的平衡上，王宇晗每周会计划好竞争训练和每门专业课的学习程度，告诉自己这周要完成什么、如何去做，最后把它们做完。

◎ 五、脚踏实地，行稳致远

目前，王宇晗正在攻读硕士研究生并且计划读博士，未来他打算做好科研，把自己的技术和科研能力打磨得更好。他说，参加竞赛是对自己能力的证明，参加时就用心、努力，把事情做到最好，当该考虑下一步时，就好好考虑下一步，一步一个脚印，踏实前行。

学长寄语

在ACM集训队，每年都有很多竺可桢学院的同学加入，并取得很好的成绩，这两年甚至有零基础的数学系同学取得了特别优异的成绩。参加竞赛并不妨碍你在本科阶段接触科研，还可能给你的未来提供更多的选择。以计算机方向来举例，现在绝大部分IT行业公司、研究院都青睐有好的ACM成绩的同学，许多大学的实验室招生时也把这作为加分项。

因此，竺可桢学院的同学们如果有兴趣并且学有余力，完全可以尝试参加竞赛。我相信你们完全有能力兼顾竞赛和学业。希望大家可以多多了解竞赛，多多参加！

学科交叉，培养全面人才

李奕

简介

姓名：张瑞彬

平台：2017级竺可桢学院混合班

专业：机械电子工程

标签：竞赛、学习习惯

　　繁多的问题亟待解决，复杂的状况尚未明晰。在交错的未来，如何锚定自己的位置？广泛而专注，博学而专精，不断学习，不断提升，选择对的方向——他用行动给出了自己的回答。

◎ 一、科研竞赛篇

1. 全面发展，团队思维

　　对于科研与竞赛，张瑞彬认为有许多需要注意的事项，比如选题、任务安排、团队沟通等。就以机器人竞赛为例，其学科交叉特点明显，需要参赛者对机械、电路、通信、底层控制算法、规划决策类上层应用算法等知识都有较深入的了解，非常考验个人专业能力与综合素质。

　　也正因如此，个人能力在竞赛中会得到极佳的锻炼与显著的提升。就张瑞彬个人而言，他认为自己在参赛过程中最大的收获便是能将所学知识应用于实践，集成为一个机器人系统，并且积累了大量的硬软件的设计与调试经验。此外，团队是科研竞赛的核心，如此大的工作量独自一人难以胜任，需要一个高效且有序的团队。不同于平时学习，科研竞赛之时，集众人之力，才可能有出色的成果。这也就意味着，参与竞赛不仅需要专业的硬实力，而且需要沟通交流、统筹规划的软实力。

生活照1

针对这种团队逻辑，张瑞彬建议同学们在参与大型的工程竞赛或科研竞赛时，一定要事先物色好团队人选，事前充足的准备远胜于事后慌忙的补救。而该如何吸引优秀的人与你组成团队、共同参赛呢？张瑞彬说，一要主动，二要自觉。主动是指主动与他人交流，表达自己的意愿，寻找志同道合的伙伴；自觉是指要想吸引他人，必先丰富自己——用优秀吸引优秀，靠人才引入人才。团队的高效率、高水平，会为科研、竞赛的进行打下坚实的基础。

2. 术业专攻，经验分享

当谈到具体的技术能力时，张瑞彬以一位过来人的身份分享道："参加机器人竞赛时，至少要熟练掌握机械、电路、编程中的一项。机械方面要熟练掌握工程制图和三维建模，另外最好事先积累一些加工和装配的经验；电路方面要学会设计电路、画电路板；编程方面要熟悉嵌入式编程、常用的控制算法及其调试（PID）、上层算法（视觉识别、路径规划等），另外最好要有ROS（机器人操作系统）开发经验。"张瑞彬认为，竞赛需要的知识较平常更深、更精，但也不需要过于担心，解决问题的能力正是在一次次试错中提升的。勇敢地尝试，不断地思考，客观地分析，总能取得不错的成果。

对于同专业的后来者，张瑞彬建议："机器人学科工程性非常强，竞赛和科研中遇到的问题以工程问题为主。不过问题背后的机理可能大有不同。有的

是调参不到位，有的是算法空间性能或时间性能差，也有的是硬件不给力。有的问题经过调试便可解决，也有的问题需要抛弃现有算法甚至硬件结构才能解决。但绝对不要气馁，办法总比困难多，只要去想，总会看到出路的。"

3. 有梦有趣，无所畏惧

正如那句朴素的格言"兴趣是最好的老师"，张瑞彬认为，学习途中最需要的是专注力，而兴趣是专注力的保证。对于现在正在学习的交叉性、泛化性强的机器人学科，张瑞彬始终保持着极大的兴趣与热情。他认为，优秀的机器人工程师有着全面的能力，不仅能完全胜任机械设计、电路设计、嵌入式编程、算法设计、网络应用开发等工作，而且可以深入探究控制理论、运筹学、博弈论等艰深的领域。也正是因为机器人学科的多样性与可探索性，张瑞斌对这项极需创新与创造力的工作产生了难以磨灭的兴趣与热情。除此之外，机器人工程是未来发展的方向之一，是需要人才、需要智慧的学科。张瑞彬始终为成为一个能担大任的研发者而奋斗。

张瑞彬说，每个工程类学科都有许多枯燥无味的工作与任务，有很多相关的知识需要学习与实践，如果没有兴趣，只是为了学习而学习，为了研发而研发，就会失去探索过程中最重要的一点——创造力。找到自己感兴趣的方向，在大学本科四年的生活中是非常重要的。在感兴趣的方向上，你会渐渐发现，工作带来的丰富的经验、学习提供的多样的知识都会是你创新之路上最好的武器，而非想甩却甩不掉的负担。"有梦有趣，无所畏惧"，愿大家都在梦想的天地上耕耘，收获时间与汗水浇灌的硕果。

4. 年轻血液，蓬勃生姿

对于导师选择的问题，张瑞彬倾向于选择更有活力的青年教师。他们中有不少还奋斗在科研一线，能给出非常专业、细致的指导，而且因为年龄相近，师生之间有许多共同话题，更方便沟通交流。在此，张瑞斌向大家推荐机械学院的杨赓老师、黎鑫老师和控制学院的高飞老师。日常工作中，他们细致又专业，认真又有趣，不仅是学生科研路上的良师，也是可以倾诉困难、寻求帮助的益友。

◎ 二、生活、工作篇

1. 及时复习、打牢基础

对于学习，张瑞彬有着自己的见解。所谓"师傅领进门，修行在个人"，课上的认真听讲固然重要，但是每周只有短短的几堂课，对于数学、物理等需要大量积累的课程来说，显然是不够的。对此，张瑞彬建议，课后应多投入时间，来弥补课堂上的不足。只有肯花时间、愿下功夫，才能打牢基础。

针对信息技术无处不在、无所不用的现状，张瑞彬还强调：要学会基础的计算机编程知识与技术，其中的重点是面向对象编程和数据结构与算法。当然，纸上得来终觉浅，绝知此事要躬行，只有不断练习编写代码，将知识加以实践、运用，才能真正掌握。同时，对于数理基础学科，

生活照2

张瑞彬认为，线性代数、概率统计、数学建模和数值方法都非常重要，建议同学们在初入大学时多花时间攻克其中的难点。

2. 冷静规划，发现兴趣

谈论到未来规划时，张瑞彬分享道："学业上，最重要的是在某一领域深入研究，但由于机器人学科的交叉性，多掌握一些知识也十分关键，这是创新能力的来源。攻读博士学位能获得更多的知识储备，提升科研能力，因此我今后会选择读博。目前选择读硕而没有直博，主要是因为我对未来的研究方向还不甚明晰。我会尽早确定研究方向，并仔细考察自己的能力。就业上，目前我更倾向于成为一名机器人算法工程师，承担诸如导航、运动规划

算法或者整个机器人系统的开发任务。"

对于本科期间的时间分配，张瑞彬认为，不论是投身科研、竞赛、业界实习，还是支教、志愿者活动，首先需要结合自身实际，培养兴趣，才能在这一领域不断深入，突破一个又一个瓶颈。此外，融入合适的环境也是极为重要的，成长路上离不开同路人的陪伴与鼓励。最后，张瑞彬也向后来者表达了祝福："衷心祝愿学弟学妹们能在本科生涯中广泛拓展兴趣与知识面，并选择最感兴趣的领域，一往无前地奋斗！"

兴趣是最好的老师，实践是最高效的学习。简单的理念需要不断地坚持，终成大器。请怀揣着对未来的憧憬与对学科的热爱，告别青涩，走向远方，成为全面发展、能当大任的时代英才。

学长寄语

科研和竞赛对于自己的提升都是巨大的，且两者有着一定的承接关系。学科竞赛的门槛较科研低，有一技之长即可参与。但在参与竞赛的过程中，也需要不断改进和创新，才能更好地达成竞赛要求，这对于步入科研之门是有所帮助的。因此，我建议同学们在打好基础之后先参加竞赛，积累一定经验之后再根据学科兴趣加入一个课题组，尝试科研。

潜心研究，研以致用

留誉

简介

姓名：徐欣

平台：2018级竺可桢学院神农班

专业：农业资源与环境

标签：科研、竞赛

进入大学，科研对我们来说不再是电视剧里抽象的词汇，不再是网页上一个个光彩夺目的重大突破，而是一件与我们息息相关的事情。我们很多同学对科研的第一印象就是神圣而严谨。那我们要如何才能做好这项神圣的工作呢？身处科研一线的徐欣为我们提供了许多具体有效的科研经验。

◎ 一、科研新星的前期准备

科学研究是一项周密严谨的工作，若是毫无准备，刚开始很可能会手忙脚乱，出很多小错误，甚至陷入迷茫。因此，做好各方面的准备可以帮助我们更加从容合理地开启自己的科研生涯，也能帮助我们正确地解决可能遇到的一些问题。徐欣分享了自己切身的体会。

首先，对大一新生来说，非常重要的一点就是要培养兴趣。大一的时候，老师或学长学姐会带领我们参观实验室，我们可以在此过程中了解到他们研究什么东西、实验室里有哪些仪器等。然后，我们要想清楚自己对哪个

徐欣的实验仪器

方向比较感兴趣，同时再多了解一些相关的知识和信息。到了大一下学期或者大二的时候，我们可以主动联系导师去他们的课题组感受其中的科研氛围或者帮他们做一些小工作。

其次，在知识储备上，徐欣说，一方面，我们可以利用好大一大二的一些实验课，积累实验基本知识与技能；另一方面，科研中的许多技能需要我们主动去实验室向学长学姐学习，因为有些技能在平常的课堂上是学不到的。在这样的交流中，我们可以学到很多东西。除此之外，还可以在老师的引导下去阅读一些文献来提前扩充自己的知识储备。

最后，及时获取竞赛信息的能力也是我们不可缺少的。我们学校有本科生竞赛网，这个网站上经常会有各种竞赛的通知，同学们应多关注。另外，学院也会发许多竞赛信息的通知，徐欣强调：学院的资源一般会更有指向性，所以在学院的通知中可以找到许多与自己专业相关的竞赛信息。我们还可以多认识一些其他专业的同学，在与他们的交流中，有时能够获取他们专业相关的一些竞赛信息。如果你恰好对这个竞赛感兴趣，就可以和他们一起去参与。

◎ 二、在克服困难中奔向科研

科学研究是一个发现问题、解决问题的活动。当我们开始做科研项目

徐欣的实验样本

时，一定避免不了挫折和考验。

首先，每个实验室可能都有自己的一套规范。比如哪个仪器要放在哪个位置、要采取怎样的实验方法等。这种规矩是没有办法从书本上学到的，我们必须要向熟悉这个实验室的学长学姐去请教学习。多向学长学姐请教，既能避免出现问题，又能帮助我们快速熟悉实验室，尽早融入科研氛围中。

其次，刚进入实验室的本科生经验不够丰富，拿到一个项目时不知道该怎么展开，甚至会出错。徐欣说，我们要多跟导师交流，特别是项目很难展开的时候，更要主动与导师或学长学姐们去沟通，主动向学长学姐学习实验方法。由此可知，主动沟通在我们做科研项目时是非常重要的，做好沟通可以帮助我们学会更多有用的实验方法，更快地走向正确的科研方向。

除此之外，徐欣也向我们分享了她在SRTP项目中遇到的困难。徐欣和她的队友们原先计划先在实验室中待一段时间再寻找感兴趣的方向，但受疫情影响无法回校，等到回校的时候，这个项目的进度就比较慢。面对这种情况，徐欣和她的队友们疫情期间只能通过在家阅读大量文献资料来寻找感兴趣的方向，同时在线上保持交流，回校后大家一起努力实验。在共同努力下，项目顺利推进。

最后，科研过程中很常见的一个问题就是实验结果与预期不符，甚至偏差非常大。这个时候，项目就陷入了困境，自己的心态也特别容易受到影响，会有比较大的心理压力。我们需要及时调整自己的心情，摆正心态，积极解决问题。如果实验必须重来一遍，我们也应该仔细分析可能出问题的步骤，找到前一次失败的原因。徐欣说，在做实验时要做好相关的实验记录，这对于实验后的分析、寻找问题都是非常重要的。

◎ 三、科研人的时间管理

对每个参与科研项目的同学来说，他们都面临着科研工作、专业课学习、学生工作等多方面的压力，更好地规划自己的时间可以说是每个做科研的同学的必修课。徐欣指出，在大一的时候，出现更多的是社团组织等学生工作与学业之间的矛盾。在这种情况下，徐欣建议学生工作不要追求数量多，而更应该把质量做好，通过做好学生工作可以认识朋友、锻炼能力等。由于时间原因，我们没有办法把很多事情做得面面俱到，所以我们更应该关注质量，这样也可以为自己的学业留出更充分的时间。到了大二的时候，我们会开始接触一些科研项目，也会尝试参加竞赛，这时我们也需要处理好科研、竞赛与课程学习的时间安排。

◎ 四、构建有凝聚力的科研团队

科研工作中，团队的氛围与凝聚力也是影响整个项目能否顺利推进的潜在因素。徐欣在这个问题上也提供了一些有效的意见。

第一，在任务的分配上，要让每个人都有事情做，都可以实现锻炼自己的目的，同时也要避免某个成员任务太重。从一定意义上来说，选队友也是一件比较重要的事情。像SRTP项目一个队伍一般有三名队员，如果其中一位爱推卸任务，另外两位会有较大的压力。

第二，我们如果做了一个项目的负责人，就必须主动承担起负责人的责任，构建良好的团队氛围。徐欣说，要想让你的队员愿意听你的安排，你本身要有较强的能力，比如与导师的沟通中更加深入，或者是在实验方法的选

徐欣（左一）参加团队聚会

择、实验的设计上有自己独到的思路。

第三，团队间队友的沟通是非常重要的。在疫情期间，徐欣深刻地体会到了沟通的重要性。她觉得，如果当时队员之间没有经常性地线上交流的话，很多问题没有办法及时解决，整个项目进度更慢。在平时做实验的时候，不是所有成员都在实验室，这个时候，就应该做好沟通工作，让其他没来的队友也及时了解这次实验做了什么、结果怎么样，让大家都知道项目的进度。比如，可以通过共享文档的形式把大家的实验步骤、方法、注意事项等编辑在一起。

◎ 五、通过跨专业学习助力科研

徐欣在大一大二选修了一些跨专业的课程，比如经济学的相关课程。在后来的科研项目中，她充分利用自己在经济学中学到的知识，完成了市场营销、商业模式等一系列重要研究工作。

从中我们可以看到，通过跨专业学习扩大知识的广度，对我们后来的科学研究也会起到重要的作用。徐欣说，在大一大二进行跨专业学习，主要还是要基于自己的兴趣，这样能让自己主动去学习很多相关的知识，而这些知识在以后的项目或工作中都可能会发挥重要的作用。

合影（左九为徐欣）

学长寄语

　　永远保持新鲜，持续输出热情。科研这件事放大了说是责任，往小了讲是兴趣。一个项目中，走过几道弯路，经历几番低谷，感到失落无可厚非——吃顿好的，睡个好觉，多沟通，多内省，多总结，但务必别放弃。个中风景之盛难与人说，未来的你定会感谢现在这个拼命的自己！

格物致理，臻于卓越

王书畅

简介

姓名：石昊海

平台：2018级竺可桢学院求是科学班（物理）

专业：物理

标签：全国大学生物理学术竞赛、科研、时间管理、学习习惯

有人觉得，物理学是枯燥乏味、玄妙复杂的，但在他的眼中，物理是贴近生活、妙趣横生的。在物理学学习中，他有了自己对于物理学的理解。格物致理，臻于卓越——这是他对物理学的追求。"他"就是浙江大学创新奖学金、基础学科拔尖学生二等奖学金获得者——石昊海。

◎ 一、竞赛篇——风起云涌，御风前行

石昊海参加了第11届全国大学生物理学术竞赛，获全国一等奖第7名以及华东赛区特等奖第1名的佳绩。对于这次竞赛经历，石昊海的印象非常深刻。

一是这个竞赛的形式非常独特。竞赛组公布17道研究问题之后，给所有人一年时间进行研究准备，然后在学术竞赛上进行集中展示和辩论。该竞赛既有与数学建模竞赛类似的较长的准备周期，又有独特的讨论、辩论环节，与其他物理竞赛区别很大。

二是所研究的问题源于生活并且贴近科研。研究问题很多都是生活中的现象，但是仔细探究，从提出理论、设计实验，到数据处理、模拟分析，研究这些问题的过程更加接近真实的科研。

三是参与竞赛的收获大。在竞赛过程中，他不仅收获了自主学习能力，而且锻炼了口头表达能力。石昊海认为，很多理科同学都存在不能直观、清楚地表达自己对理论的了解的问题，而在比赛中既要注意语调、台风等，又要兼顾语言表达严谨准确和听众的接受程度。

四是参与竞赛的对象不限。浙江大学已经连续很多年参加这个比赛了，但是参加的学生大多是物理系或者求是科学班（物理）的同学，非物理专业的同学很多知难而退了。不过，石昊海还是建议对物理学有浓厚兴趣的同学都可以考虑参赛，专业优势互补，一起攻克难题。

五是赛前准备工作选择多。浙江大学有类似的物理学术竞赛，参赛门槛低很多，石昊海建议有兴趣体验这个比赛形式的同学可以关注一下浙大学科竞赛网站。求是科学班和大二下学期的物理系的同学可以关注"物理学实验"课程，这门课程允许选择当年的一道题作为研究课题，这对有志于参加

第11届全国大学生物理学术竞赛浙江大学团队（右二为石昊海）

竞赛的同学来说也是很好的备战机会。

◎ 二、科研篇——长路漫漫，摸索前行

在大二下学期的时候，石昊海和同班的2名同学组队申报了一个SRTP项目，找了班主任路欣老师作为指导老师。路欣老师的主要研究方向是低温凝聚态物理，因此他们组也就选定了研究超导的基本物性作为SRTP的课题。项目进展比较缓慢，因为本科阶段知识储备较少，项目很多涉及量子力学、固体物理课程中的知识，需要从头学起。

石昊海现在回想当时科研的经历，发现很多方面都可以做得更好。石昊海认为，首先要心静。本科生在提前接触科研的时候一定会遇到各种各样的困难，但是一定要静下心，不要执着于一定要出成果。其次，要克服惰性。石昊海所在的小组就是"三天打鱼、两天晒网"的典型，常常在快要开组会的时候仍然没有收集齐资料，或是抽不出做实验的时间。

关于何时进入实验室接触科研，石昊海认为，大二上学期就可以开始策划。如果在大二下学期开始，时间可能会比较紧张，会错失多一个可能的机会。就算大三下学期要换导师，大四上学期也应该确定未来的方向了，此时导师也要最终确定了。

对于当初的选择，石昊海用他的好友在21岁生日当天的朋友圈来诠释自己的感受："好像没有做好

第五届"互联网+"全国创新创业大赛志愿者
（中为石昊海）

准备就选了方向、选了课题、选了导师，好像渐渐走到了必须丢掉一些可能性的岔路口，骨子里的懒散和周遭的焦虑交织在一起。"

他评论道："年轻是我们最大的资本，但也是最容易被挥霍的。秦人不暇自哀，而后人哀之。我们在需要做出选择的时候只能仓促应付，希望你们可以在这些选择到来前多一些从容。"

在有过短暂的科研经历后的现在，石昊海仍然在探索自己的科研方向。他认为自己做物理的天赋并不突出，也想过从事与计算机相关的领域，至今还没有明确的结论。他曾浅浅地涉足凝聚态的领域，虽然偶尔能体会到赞叹"妙哉"的欣喜，但是还没有归属感。他认为，真的要找到自己的兴趣所在，需要静下心来，主动付出时间。斯坦福大学会要求学生至少选择三个不同方向的导师，进行一轮滚动之后，最后再决定自己最终的选择。至少到目前为止，石昊海仍没达到对自己的期待。但是，着手去做、去尝试，不要抱有一种"画地为牢"的偏见或者预设。不去试试，又怎么知道自己适不适合呢？

◎ 三、学习篇——求是夯基，稳健前行

对于学习安排，石昊海也有自己的心得。

首先是对于课程的取舍。石昊海认为，一定要学好主干课程，也就是基础课程和专业课程，应当付出大量的时间。他指出，大学和高中很重要的区别就是评价方式更加多样化，没有必要选很多学分，得到很高的绩点。当然，对于自己希望掌握的课程，一定要舍得下功夫学好。

然后是对时间科学的管理。石昊海认为，我们应该要确定自己优先想做的，学习不在于投入的时间有多长，而应争取取得效果。能高效、提前做完的事，就不要拖到最后才匆忙地完成。他举了一个舍友的例子，他说："他是少见的早7点起床、晚11点半睡觉、作息规律严格的人，对我有很好的激励作用，我也在努力达到这样的生活节奏。"晚上睡觉前，石昊海会回顾刚

刚过去的这一天："我做了什么事情？有哪些事情处理得不好？"当然，他也会发现结果没有达到预期，但是这也是一个努力的过程。至于课余时间，石昊海的策略是专时专用，想要放松的时候就放松，不要再去想课内的事情，当然这是需要建立在课内学业完成好的基础上的。

最后是关于学习习惯的建议。石昊海曾尝试过刷题、做错题本、整理笔记等学习策略。对于最为重要的主干课程，石昊海建议把重点放在理解上面：对于一个问题，要思考它为什么要这样处理、处理之后的意义是什么。费恩曼只要看到 Π 就会问自己圆在哪里，而我们学习的时候也要有这种警觉。公式是简洁美丽的，想要掌握它，除了死记硬背，更好的方法是理解它内在的逻辑。

成功就是在一件事情上心无旁骛地做到极致，义无反顾地不断前行。石昊海臻于物理学的探究，痴迷于物理世界的美妙，终将有所成就。

导师寄语

什么事情都不要绝对：不是国外就比国内先进，在很多研究领域，中国领先于世界；不是选了物理专业，下半辈子就一定要走物理研究的道路……

大学阶段，学习不再是像高中一样获取知识即可，而应更多地思考知识之间的联系，有一个整体视野，才能有自己的思路，才能创造新的知识。在本科阶段，不是一定要取得什么惊世骇俗的成果，但是要培养对科研的品味、对未知的好奇。

不要因为害怕选错而犹豫不前，错了又怎么样呢？不尝试一下怎么知道呢？主动去做、放手去做，重要的是——去做。

痴情科研，创造卓越

留誉

简介

姓名：吴浩宇

平台：2017级竺可桢学院神农班

专业：应用生物科学

标签：科研、竞赛

作为刚入学的新生，我们对科研都有一份心动。我们憧憬着整洁的实验室，常常忍不住幻想自己就是一位顶级科学家。大学为我们提供了走进科研的舞台，为此，我特地采访了具有丰富科研和竞赛经验的吴浩宇。他热情地给出了自己细致宝贵的建议。

◎ 一、向科研"表白"前的精心策划

在开始科研和竞赛工作之前，必要的准备可以帮助我们赢得良好的开端。吴浩宇从自身经历出发，提供了一些建议。首先，要广泛接触各类课程，拓展知识储备。他在大一期间不仅修读了大量生物专业的课程，还主动接触了一些计算机类的课程及数学类的专业课程。广泛接触各类课程对后续参加各种各样的学科竞赛有很大的帮助。对于如何进行跨专业学习，吴浩宇认为，最高效的方法就是直接将这些跨专业的课选入自己的课表，并且要与那个专业的学生一起上课、一起交作业、一起考试，完全融入他们并与他们

竞争，激励自己真正把这门课当作自己的专业课一样来学习，学习效果会比旁听或者自学要好。他还说，若在大一大二的时候早点接触其他专业的课程，与那个专业的学生在水平上没有太大的差距，只要努力是完全跟得上的。所以，吴浩宇建议大一大二的学生应该仔细阅读本专业的培养方案，从而对自己的选课做更合理的规划。

此外，大一学生如果对科研和竞赛感兴趣的话，应该要努力去获取相关的"情报"，比如哪个竞赛不错，哪个指导项目的老师比较好等。选择的途径有自己多去上网搜或者多去询问学长学姐等。像吴浩宇曾参加过"挑战杯"英语竞赛和大学生英语演讲比赛，在赛前相当长的一段时间他就已经知晓了这些竞赛的有用情报，并做了相应的准备。主动去寻找相关的科研项目或学科竞赛的情报，可以帮助我们做足准备。

◎ 二、与科研"热恋"的三十六计

吴浩宇又分享了自己在科研过程中积累的一些经验和方法。他提到的第一个关键就是找导师。在本科阶段，我们在科研方面的经验接近于零，那么，找到一个愿意在科研上指导我们的导师是非常重要的。在选择导师这个问题上，他的建议是最好找那些有较多精力和时间愿意指导本科生的导师。他以自

吴浩宇的实验仪器

己的经历为例，他每次可以与导师交流两三个小时，并且都能学到很多有用的知识和技能。

找到导师之后，吴浩宇强调要主动往实验室跑。在大学里，我们必须更加主动，不要等导师来催你，因为那基本是不可能的。他说："我们最好能

把实验室当作自己的第二个寝室，尽量多待在实验室里，这样可以尽快融入实验室。"另外，他提到导师带的本科生肯定不止一两个，应该主动地将自己的想法告诉导师，比如自己去找导师说你想做项目或想学技术，这样导师就会指派研究生来教你，等你能力达到一定程度之后，导师会给你一些项目让你完成。吴浩宇强调："沟通是非常重要的环节，我们要明确自己的想法，并且积极主动地把这些想法表达出来，在科研中好的项目和技术都是需要自己主动争取的。"

吴浩宇科研过程实拍

要把科研做好或把竞赛赛好，时间安排是我们每个人都要面对的难题。就吴浩宇来说，他曾任竺院男排队长，现任竺院男排教练、校男排副队长。他既要保证学习、做科研、竞赛，还要兼顾排球训练，时间非常紧张。在这个问题上，吴浩宇也提供了自己宝贵的建议。第一，肯定要牺牲玩的时间，这是毫无疑问的。第二，"要事第一原则"。一个周期较长的项目，必然存在多个阶段，每个阶段的轻重缓急都不同。当这个项目处于关键阶段的时候，就要先把其他不紧张的事情放在一边，集中精力地去推进这个项目；当这个项目暂时比较放松的时候，可以先把精力花在其他更紧迫的项目上。他谈到自己曾有一段时间同时在做四个项目，要想每天把四个项目都推进得很好，时间肯定是不够的，所以他根据各个项目的阶段特点，评估当前最重要的项目，集中精力解决最紧迫的那个项目，将其他项目的工作先放在一边，再随着主要矛盾的变化去推进下一个项目。按照这样的做事方法，他最终顺利地将四个项目都完成了。

◎ 三、如何在冷战时"哄好"科研

在科研工作中，我们都会遇到挫折与困难。吴浩宇也向我们分享了做科研中容易遇到的几个问题以及相应的解决方案。

第一，第一个困难就是对这个实验室不熟悉，比如既不知道每个实验仪器和试剂放在哪里，也不知道这个实验室里的规矩习惯。这就很难融入这个实验室，也很难开展自己的实验。面对这个问题，他的建议是要多主动向学长学姐请教实验室的物品摆放、规范习惯等，从而更快地融入实验室。

第二，科研工作中最常见的困难就是结果不如意。做实验的时候，经常会遇到实验结果与预期相差甚远的情况。造成这个结果的原因有许多，可能是实验中某个步骤出了问题，也可能是这个实验结果本来就是这样。遇到这样的情况，很多人的解决办法是直接微调一些参数或改变某个条件再做一次，可依然结果不佳。他提出，这样的盲目尝试并不是最佳的解决方案，未仔细分析问题所在就徒劳的不断尝试是比较低效的，而且容易产生心理上的痛苦。他建议先思考问题再去尝试，好好分析到底是哪里出了问题，也可以先请学长学姐帮忙看一下自己的实验设计哪里不太合理，然后查阅论文去了

合影1（前排右二为吴浩宇）

解别人在哪里做得比较好，哪一步跟自己不一样。把这些问题都想清楚之后再去调整实验，尽量多想少做。总之就是要多去思考，不能麻木地重复。

第三，做科研、参加竞赛是辛苦的事情，当你做不出成果的时候，内心的痛苦是无以复加的，只有把问题解决、把项目完成，才能彻底解开心中的这个结。最好的办法就是坚持，要有一颗强大的内心，坚持做下去，不要停止……或许不久后就能做出成绩、迎来光明，而这带来的成就感与满足感也是巨大的。

此外，如何凝聚团队力量，取得更好的成果？吴浩宇说，在团队项目中，每个人分工明确是非常重要的。除此之外，将自己所负责部分的逻辑理清楚也很重要。在大型项目中，很多人在同一时间做不同的事情，所以，只有让队友了解你的工作成果才能将整个项目推进下去。为此，他建议，在真正开展工作之前，要有一个详细的计划，还要把实际做出的结果与预期的不一样详细地写出来，这样别人才能更准确地知道你做了什么、怎么得出结果、哪里没做好。他说，在大团队中，能有更多讨论的机会，积极讨论可以得到很多重要的结论。

吴浩宇说，在科研中，可以遇见很多志同道合的人，学到很多知识。此

合影2（后排右一为吴浩宇）

外，科研做得好，对于读研究生或找工作，都有很大的帮助。回忆起自己的科研经历，吴浩宇觉得是幸福并且充满意义的。

学长寄语

生活快乐，惬意学习！希望学弟学妹们在大学里能够主动地把握机会，有生活规划，并且合理高效地安排时间，既能有条不紊地完成学习任务，又能感受大学校园里多样的美好。也祝学弟学妹们能够爱上科研，发现其中的乐趣！

逆袭，与不简的历

徐宇航

简介

姓名：孙一桥

平台：2017级竺可桢学院神农班

专业：植物保护

标签：科研、竞赛、农学

孙一桥是浙江大学农学院植物保护专业的本科生，也是竺院神农班的成员。比较慢热的他，在大学伊始显然并没有意识到自己将要面对的是怎样激烈的竞争，于是在大学第一学年被勤奋的同学们甩在了后面：第一学期面试所有社团、学生组织，竞选班级委员都宣告失败；第一学期均绩3.5，濒临退院；第二学期与同学们的距离继续拉开，均绩3.4。至此，他以23名的班级排名（全班26人）结束了他大学的第一年。在这里必须强调一下，大学和高中的区别就在于，高中时也许仅高一高二过得漫不经心，靠着第三年的努力也能考上名牌大学。但是到了大学，如果在大一成绩靠后，即使之后的三年无比努力，毕业时几乎不可能获得一个很好的排名。孙一桥的大一在内卷浪潮中混乱结束。

大二开始，决心好好学习的他逼了自己一把，开始了绝地反击：将游戏卸载，向各位学长学姐讨要"学习资料"；做课程展示汇报的时候使用英文；上课时积极提问、发言，努力融入课堂中。就这样，他以第4名的排名结束了自己的大二生活。

不得不说的是，在大学第二年，他在"努力学习—获得好成绩—形成正向反馈—继续努力"这一过程中寻到了一个"法宝"：知道了自己以后要做什么，那就是走近科学。他一想到自己与古今中外所有的科学家一样，在面对无尽、未知的科学海洋时都是无比渺小时，他便拾起了一些自尊，有了一些自信。梦想是令人着迷的。梦想的感觉会在之后的每个时刻不断地撩拨人的内心，促使人继续向前。我们希望他能在这个功利主义盛行的时代，像他期盼的那样，在一个自由、智慧的环境里，追寻自己内心的指引，实现个人的使命。

◎ 生活——游戏、运动与情感

据孙一桥所言，他在大一时的最大错误是沉迷于手机游戏。对于游戏的本质，孙一桥的归纳是：游戏是一种麻痹自己的行为，通过虚假的成功感来填补自己并不成功的现状。当被问及是如何摆脱这一劣习时，他略加思索，说要摆脱游戏的影响，最关键的是要知道自己真正想要的是什么。游戏其实

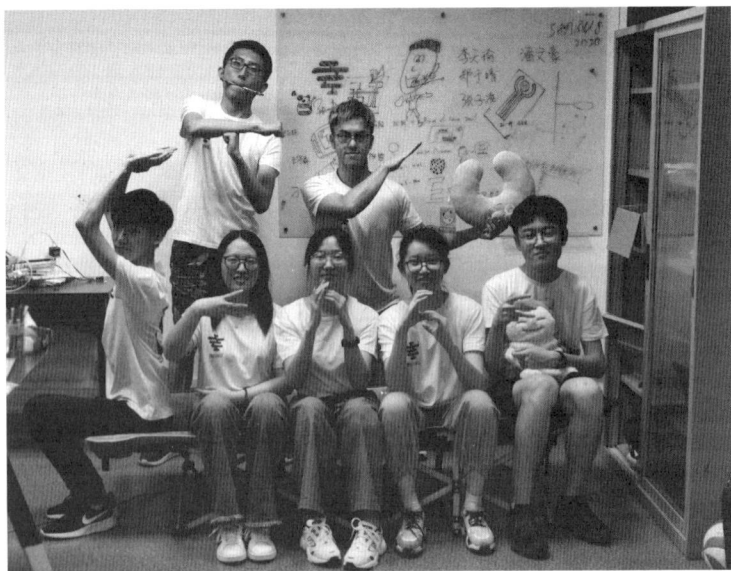

合影（后排左一为孙一桥）

就是一种逃避，在想不清楚自己到底想要什么的时候就很容易沉溺于其中的虚假幸福感里，如果想清楚了自己到底所求何物，那么游戏终只是一种放松的手段，不会成为可怕的顽疾。

至于在没有游戏的时日里，孙一桥的课外生活就基本是运动。"运动十分必要，对心情和体力调节都很有帮助。"他说。提及自己的爱好，足球、跑步都在其中，他曾取得学校"三好杯"橄榄球赛第四名、学校"新生杯"足球赛第四名的成绩。虽然这些排名都不是特别高，但在他看来，运动，或者是别的什么，最为关

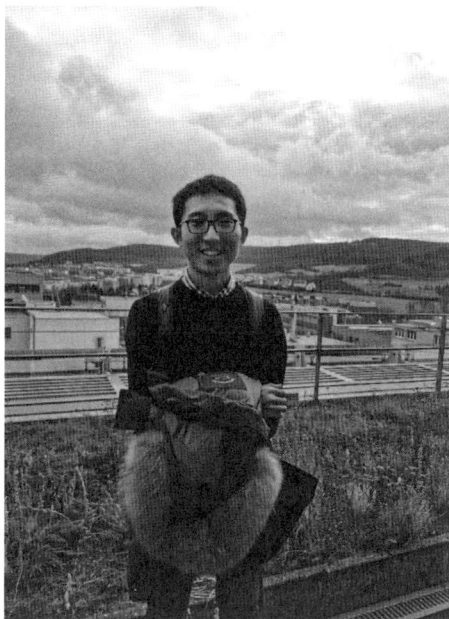

孙一桥参加社会实践

键的还是要真正爱好，而不是功利的比较，如果失了本心去运动，很难说是否值得。

"要勇敢！"这是孙一桥的情感意见。对于大学生来说，情感几乎是不可避免要面对的问题，畏畏缩缩肯定是毫无机会的，只有勇敢去尝试，才可能会有故事。当然，如果感情不顺，孙一桥建议找身边人倾诉。对于一段理想的感情，应该顺其自然，无必要强求，为了脱单而恋爱，是不负责任且毫无意义的。

◎ 科研

提及社团和学生工作，孙一桥很无奈，表示自己没成功加入任何一个社团或组织。但他又表示，其实自己的生活并没有因为学生活动的缺失而少了几分趣味。相反的是，对于他而言，他获得了更多在实验室的时间。孙一

桥的寒暑假计划十分简单，基本都是不停地做实验。周末的安排也相当充实，大部分时间在实验室。很难想象在这么一个活泼的时代，有人可以长时间不厌倦地于实验室中重复着枯燥的操作，对此，孙一桥只微笑以对。

谈及自己的一篇待发SCI第一作者论文，孙一桥先介绍了SCI的情况：比较好的期刊会收录在SCI之中，但SCI的期刊会按照其论文的被引用频率（影响因子）划分等级，所以并不是说SCI论文的含金量都是一

孙一桥领奖

样的。对于世界一流的*Nature*、*Science*等期刊，其影响因子大概在30~40；而他的文章发表在一本第二等级的杂志上，影响因子为4.56，但已经算是不错的期刊了。

提起论文发表的流程，大致分为选期刊、调格式、准备材料的投稿前阶段，严格按照期刊要求进行修改的投稿时阶段，以及最后等待结果的投稿后阶段。看似较为简单的三个阶段，其实并没有如此简单，例如，论文投递的过程中可能需要不断与杂志方进行联系。对于这些繁琐的流程，他坦言基本要依靠自己，但有的导师也会很热心地给予协助。发表SCI论文对于保研的帮助很大，但他同时也表示，对于一个还在学习基础知识的本科生而言，很难真正写出一篇有实在内容的高级别论文。因此，他并不是很建议在其上花费大量时间。

◎ 竞赛、出国、就业

国际大学生生物传感器比赛是一个较为正规的比赛，比赛信息会在相关

的学院群中发布。在经过一定的选拔流程后，即可参加比赛。当然，比赛会有自己的官网，如果要了解具体的信息，可以于其中查找。这个比赛的宗旨在于参赛者把创意通过一定的科学实践，做出最终面向社会的产品。比赛包含的内容十分广泛，从研发到销售。也就是说，各专业的人都可以参与其中且没有明确的参赛年纪限制，但大多是大二或大三的同学参与。对于参赛的队伍，学校会给出三个保研的名额。孙一桥表示，参与此次比赛得到了相当大的锻炼。

全国大学生植物保护大赛则被孙一桥以一个"水"字轻轻带过。不过，这种比赛对保研的加分不少。

说起出国，孙一桥强调了绩点的重要性，因为这是申请国外大学时能让对方了解你能力的最直接手段。如果有出国想法的同学，应该重视平时的成绩。至于流程，则依据地区的不同而不同。如果是硕士，部分美国高校会有专门的招生办，也会有需要直接和导师交流的学校。而博士生出国则更像是找工作，主动交流，才会有机会。

采访的最后，孙一桥谈到就业，特别强调了原创的重要性。在他看来，当今教育的高普及度决定了重复性高的事会有大量的人去做；而作为竺院学子，不应该仅仅满足于成为一个只会埋头苦干的白领，要有闯荡出一番事业的勇气与抱负。成为自己行业的领军人才，或许才是竺院对学子的最终期许，这也是孙一桥对自己的未来最大的期许。

学长寄语

　　大学生要找到自己的本心，而不是无目的地随大流。找到属于自己的方向，才能真正创造自己的辉煌并乐在其中。

何妨吟啸且徐行

陈可越

简介

姓名：欧阳刘健

平台：2017级竺可桢学院医学试验班

专业：生物科学

标签：科研、竞赛

◎ 昨夜西风凋碧树

世上从来没有什么事是一蹴而就的，有的只是一步一步的积累。初入浙大时，对于科研，虽然入学前欧阳刘健通过各种渠道了解了一些科研的重要性，但并没有明确的想法。

直到大一下学期，竺可桢学院来了一位新的副院长——应颂敏老师。在"院长午餐会"上，欧阳刘健初识应老师；而后来，因为竺院学术部又开展了"竺林微访谈"活动，他与学术部的潘晟一起去采访了应老师。那是在2018年5月，当时医学试验班培养计划中还没有对论文的硬性要求，但是应老师向他们强调了科研的重要性，应把科研作为在医学试验班的重要目标。第一次，紧迫感在他们心底生起。

后来去应老师实验室的一次参观，让他们决定就此留下，开始学习怎么做科研。当时，他们对科研一无所知。他还记得，应老师向他们提出过一个问题：DNA为什么不会打结？他让他们写一篇综述，但由于知识所限，他们最终并没有写成。那年暑假，欧阳刘健出国交流了一次，回国后就在学校读论文，写一些概括性内容。具体情况他早已忘记，但这种学习形式——怎么去读一篇论文、怎么去研究一个问题，给他留下了深刻的印象。

后来，在学长学姐的引导下，他开始学习做质粒克隆、CRISPER-Cas9，以及其他实验技术。在这些初步学习中，他高中的生物基础给了他不少帮助。

兜兜转转，云开月明。由欧阳刘健、潘晟、贾方、傅再扬组成的Little Jerry小组在科研之路上且学且行，渐渐成长。繁花三千，他们选择了其中一朵：生物信息学。对于擅长C语言编程的四人来说，生物信息学既能发挥所长，又契合了他们的兴趣点。

那时，他们了解到一个技术：ATAC-seq，觉得它能够用于解决细胞发育和细胞分化的相关问题。而这正是当时他们的实验室比较关注的一个方向。于是，他们将这一项技术及其应用作为SRTP立项课题展开了研究。寒假期间，他们合作撰写了一篇综述。虽然这篇综述后来并没有投稿，但在这个过程中，他们都得到了锻炼。寒假结束后，正式开始了SRTP立项。他们和另外两人合作，分为两组，每组三个人。欧阳刘健所在的那个组，由贾方担任组长，提出课题"利用ATAC-seq研究Pich在iPSC诱导过程中的作用及调控机制"，获得了生科院当时唯一一个参加国家竞赛的名额。初识科研的懵懂已成昨日，而今怀揣满腔热情，他坚定地继续向前。

◎ 衣带渐宽终不悔

最初学习生物信息学知识的时候，欧阳刘健坦言自己并不是那么认真。当时，Little Jerry小组的其余三人都全身心地投入学习当中，还经常在网站上看R语言的公开课。暑假期间，四人赴珠海进行为期一周的生物信息学培训，培训内容包括R语言的使用、Linux系统的基本操作和单细胞数据分析流程等。由于没有认真学习，当其他三人都已经开始做相关内容研究时，他还几乎什么都不会。2019年9月，实验室购置了一台服务器用于实验。直到这

欧阳刘健（左二）与竞赛小组成员

个时候，他才终于下定决心不再徘徊，开始努力。他包揽了服务器购买的相关事宜，包括预定、订购、安装等工作，也因此接触了一点Linux系统的运行维护和调试知识。

就在这时，突如其来的挑战出现了：一个学姐正在进行的课题面临着被国外同行抢先发表的危险。此前，在一次国际交流中，双方共同发现了一个值得研究的课题，回去之后分别开展了研究。那时，对方已经差不多完成了课题，正在准备投稿；而学姐这一边还缺乏一些重要内容，而这些内容的完成，需要的正是生物信息学的分析技能。

在应老师的要求和指导下，他们开始为这个课题努力，一边学习，一边研究，虽磕磕绊绊，但坚定不移。回想起来，他认为自己掌握的98%的生物信息学分析技能都是在2019年10—12月那短短3个月内学会的，包括服务器的运行维护、ChIP-seq和数据挖掘等。

回首往事，来路萧瑟，莫不是寒风料峭、穿林打叶。在那3个月里，他是紫金港的守夜人，孤灯一盏，无眠一晚。生物信息学分析非常耗费时间，每次运算都需要一段时间的等待，需要每隔一定时间操作一次。而为了争分夺秒，他们都是24小时连轴转，而他负责的是夜班。他那时的作息是，晚上九点起床，吃一餐饭，然后开始工作，一直到第二天早上七八点交接工作，由其他人进行不停的调试和重复，到中午十一二点开始睡觉，如果有课，就得到下午才能休息。从月上柳梢，到霞光满地，一个人，一件事，日复一日，并不浪漫，并不轰轰烈烈，甚至艰难而枯燥，但他知道这是为了什么，所以不悔。

值得一提的是，问题导向性学习（Problem Based Learning， PBL）的方法在当时发挥了举足轻重的作用。这是医学试验班后四年主要的学习方式，其他专业的同学也可以从中得到某些启发。当时，他遇到的问题层出不穷，但他没有立即向别人请教，一方面是由于在夜里没有人能来指导他，另一方面，更重要的是，通过自己上网搜索、参考类似案例，他极大地丰富了自己的知识储备，在生物信息学方面慢慢由一窍不通变得擅长起来。事实上，在面对问题时，只有自己亲自探索、思考和研究，去发现和尝试各种不同的解决方法，才能真正学习和掌握知识，这也是PBL的关键。

◎ **蓦然回首，灯火阑珊**

2019年12月底，欧阳刘健逐渐把重心转向期末复习。1月20日左右寒假开始，但因受疫情的影响，在相当长的时间内，只能居家学习。幸运的是，生物信息学分析十分适合远程操作。而更为幸运的是，从1—5月返校这整整5个月时间里，他们的服务器始终运行正常。在疫情期间，他主要的工作是课题的后续数据分析，以及论文返修、实验补充。

在2020年1月底至2月初这段时间里，他协助应老师做了一些新冠肺炎病毒相关分析。比如，他们统计了国内几个省份的发病规律，还写了论文，虽然最后没有发表，但他通过这些工作锻炼了自己，比如怎么向编辑介绍自己的论文。他还曾尝试写了一篇短评，由此积累了一些经验。

此时，疫情肆虐，牵动全球。2020年3月6日发表于*Science*的以美国东北大学生物和社会技术系统模型（MoBS）实验室为通信单位的论文

"The effect of travel restrictions on the spread of the 2019 novel coronavirus（COVID-19） out break"，通过数学建模方法，分析讨论了中国的"旅行管控"举措对国内外疫情传播的影响，认为90%的旅行管控只对中国国内其他地区的疫情扩散产生"轻微影响"。

这篇文章一发表，引起了中国学术界的密切关注。浙江大学立即选取意大利和伊朗两个国家，并以人口、地域面积均与意大利相似的浙江省为例，截取了确诊病例数从100例上升至1000例的时间区段进行比较：意大利、伊朗的确诊病例由100例增加至1000例分别耗费了7天与5天，而在早期使用了"旅行管控"举措的浙江省，这一过程则经过了12天。结果表明，中国政府的"旅行管控"举措对国内其他地区疫情管控卓有成效，从而反驳了那篇论文的观点，并向国际社会发出了"正视中国抗疫经验，学习中国抗疫举措"的声音。

这篇评论投到Science后，编辑没有直接接收，而是建议在线发表。于是，2020年3月31日，这篇科研论文评论"Travel Restriction Confines COVID-19 Outbreak"在线刊登在了Science杂志网站的e-letters 平台上（https://science.sciencemag.org/content/early/2020/03/05/science.aba9757/tab-

欧阳刘健（左四）与钟南山院士合影

e-letters）。浙江大学基础医学院的博士后Madiha Zahra Syeda与欧阳刘健为共同第一作者，浙江大学沈华浩教授和应颂敏教授为共同通信作者。这篇评论用翔实有力的数据反驳了外国学者的错误观点，也向全世界展示了抗击新冠肺炎疫情的中国经验。

此时的欧阳刘健，虽已拾得一缕星光，但还在继续前行，脚步不息。他与应老师的另一个学生合作，统计分析了温州64位新冠病人的临床样本数据，以共同第一作者（排名第四）在*Journal of Thoracic Disease*（影响因子2.0）发表论文"Clinical features of 64 patients（outside Hubei）with COVID-19 in Wenzhou，China"。

欧阳刘健作为组长，参与的另一个课题"利用高通量测序探究小鼠哮喘模型中嗜酸性粒细胞谱系分化的转录调控机制"报名参加了第六届全国大学生基础医学创新研究暨实验设计论坛，并最终获得了一等奖。

生活中，欧阳刘健是认真负责的竺院"十佳班长"，是军训合唱比赛指挥，是竺院学生会发展创新部干事，是浙大游泳队的健将，是校级优秀学长，是浙大优秀共产党员……这个温文尔雅、热心阳光的男孩，还在课余时间帮助一名经济困难的阿姨售卖英语听力专用的收音机。他将一台台收音机亲自送到校园的各个信箱。所得款项，他分文未取，全部给了这位阿姨。"正其谊，不谋其利；明其道，不计其功。"

当被问到"科研如此艰辛，何以坚持至今"时，欧阳刘健笑了笑，说："我只是把用来打游戏的时间用在科研上了吧。"

千回百转，不知几度阑珊；蓦然回首，却见星光满天。科研之路注定寂寞，漫漫征程注定坎坷，但是，何妨吟啸且徐行。

学长寄语

要有自己的目标与规划，明白自己想成为什么样的人，才知道应该去做什么。另外，接触科研要趁早，趁早找导师，趁早进实验室。

行远自迩，登高自卑

陈虹宇 陈可越

简介

姓名：潘晟

平台：2017级竺可桢学院医学试验班

专业：生物技术

标签：科研、能力提高

所谓"行远必自迩，登高必自卑"，意不在"远"与"高"，而在脚踏实地、有始有终。一路走来，潘晟一步一个脚印，虽尚在途中，却志在千里。

◎ 一、学习是自己的事

进入大学，最为重要的就是摆脱对他人的依赖，培养积极自主的人生态度。比如图书馆，浩如烟海的藏书、静谧舒适的环境，吸引了很多同学前去学习。但其中也有不少人只是盲目跟风，虽然身在图书馆，心却不在学习上。那么，到底要不要常去图书馆？潘晟认为，每个人都有自己的答案，应该根据自己的需求来决定。像他自己，就很少去图书馆，只有需要借书的时候才会去。

所谓自主，就是在面对各种情况时可以做出自己的选择，并独立承担选择所产生的后果。而最常见的选择，不用说，就是选课了。

在选课时，潘晟建议大家要积极地请教可靠的学长学姐，获取信息、吸取经验。作为过来人，学长学姐对选课都有自己独到的经验和方法，这些经验和方法都非常值得借鉴和学习。潘晟也给出了他自己的方法：先看培养方案中对专业知识体系构建最重要的课，对于这一类课，他一般会尽可能早一些修读；其次排其他的必修课；最后排选修课。至于选修课，他一般先看实用性，再看兴趣，最后看学分要求。同时，对于不了解的课，也可以向同学询问，以免"踩雷"。

潘晟也提出，选择专业课程时，要根据自己的发展方向深入思考，明确自己所需要的专业素养，对自己的职业生涯有合理的规划。明确目标，并据此选择合适的课程，才能有针对性地提高能力，事半功倍。

另外，潘晟也提醒同学们，有疑惑难以解决时，可以与老师进行交流。老师们的经验更加丰富，提供的信息往往也更加可靠。

而对于社团或学生组织的选择，潘晟结合自己的亲身经历，提出了不少建议。首先，弄清楚自己希望从社团或学生组织中收获什么。无论是想要培养能力，还是想要满足兴趣爱好，都需要对加入社团或学生组织的收获有所预期，不仅可以提高自己的工作积极性，也可以更好地为社团或学生组织做出贡献。其次，考虑参加社团或学生组织活动是否会影响日常学习生活。如果选择了不合理的社团组织，导致自己的正常生活被打乱，学习时间被大量占用，最后可能不仅工作没有做好，学习也没有学好。最后，考虑投入的时间与精力是否获得足够的价值。时间和精力对每一个人来说都十分宝贵，如果投入与收益不成正比，就需要考虑加入这个社团或学生组织是否有必要了。

潘晟在新生大会上演讲

关于学业和工作之间的平衡，潘晟认为，学业自然应当作为重心。这里的"学业"，不仅仅指课业，还包括了科研、竞赛、实习等各方面专业素养的培养。无论如何，作为一名学生，我们的本职工作始终是学习，为将来实现人生价值、参与国家建设打好基础。在学有余力的基础上，可以再考虑其他工作，进一步强化个人能力和素养。

◎ 二、跨专业学习、科研：以终为始，有始有终

跨专业学习的本质，是目的导向型的自主学习，也就是"以终为始"。"以终为始"这四个字高度凝练，深刻阐释了跨专业学习的内在精神。"终"即是目标，"始"即是初心，根据心中的目标，思考自己对跨专业的选择，这就是"以终为始"的含义。跨专业学习建立在对自身需求的充分了解上，通过学习其他专业的知识，来达成自己本来的目标。

事实上，跨专业本身并不是目的，而是一种解决问题的方式。我们学习的最终目的是解决现存的问题，或是培养解决问题的能力。当前社会面临的许多问题，都需要通过多学科融合的手段来解决，因而我们鼓励跨专业学习。

显然，随着学科交叉的作用在学术研究中不断凸显，跨专业学习正渐渐成为一种流行的学习和研究的手段。即便如此，我们也不能盲目顺从"潮流"，毫无目的地进行跨专业学习，这样只会白白浪费时间和资源。

具体到个人，潘晟认为，我们应该锻炼自身的综合能力，跨学科学习则是其中的一个重要组成部分。培养好跨学科学习的能力，意味着有更加开阔的视野、更加新颖的创意、更加丰富的解决问题的方法。不同的学科其实是从不同的角度看同一个世界，这就注定了不同的学科之间一定有着或显性或隐性的联系。而这种联系，正是跨学科学习的基础，也是跨学科学习巨大价值的具体体现。培养好跨学科学习的能力，可以让我们更好地发现这种联系，并利用这种联系解决我们面临的问题。

科研也是大学本科中高年级同学们关注度比较高的一个点。潘晟对科研

潘晟（左三）与钟南山院士合影

的理解是利用专业的方法来解决特定的科学问题。他认为，科研训练重在培养发现问题、剖析问题、解决问题、阐释问题的能力。科研训练的主要价值不只在于学习知识，更在于它可以培养参与者多方面的能力，比如创新能力、自主学习能力等。科研训练也会培养参与者坚定的意志品质和科学精神。这些都为同学们未来参与科学研究打下扎实的基础，同时也会坚定同学们对真理的追求。

潘晟建议，在本科期间应尽早进入课题组，参加组会，深入参与一项研究，阅读领域相关文献，与导师和学长学姐充分交流，尽可能多地抓住机会提升科研能力。

◎ 三、个人能力的提高

在学习过程中，能力的培养至关重要。潘晟认为，大学期间比较重要的能力主要有以下几个方面。

1. 沟通与领导能力

团队合作在每个人未来的工作和科研中必不可少。这个时代注重交流与合作，个人的沟通与领导能力显得尤为重要。平时多锻炼自己的沟通与领导能力，可以有效地促进团队和睦，提高团队的工作效率，更好地完成团队目标。

2. 自主学习能力

随着个人知识水平的提高，自主学习的能力也越发重要。一个人如果不能够自主学习，那么始终无法克服困难、开拓创新，更不可能超越前人，走出一条属于自己的道路。因此，提高自主学习的能力，必须引起我们每一个同学的高度重视，从而为个人知识水平更进一步提供有力的支撑。

3. 信息获取与处理能力

当今时代是一个信息量巨大的时代，各种各样的信息鱼龙混杂，如何精确地寻找到我们想要的信息，就成为亟待解决的问题。在潘晟看来，获取信息的完整链条应该包括检索、收集、整理、加工和再现的过程。在检索信息时，我们首先需要选择合适的检索途径（如搜索引擎、特定网站、手机和电脑端软件、本地资料等），其次是善用限定条件和检索式（如逻辑连接符、通配符等）。在信息收集时，他会根据信息的类型和用途来选择合适的媒介进行存储（手写还是电子，存在本地还是云端，是否保存到软件中）。信息的整理主要是构建层级结构、增加标签/关键词，以便高效利用。信息的加工是将其内化的过程，在这过程中不妨添加一些注解。信息再现包括了快速找到曾经获取过的信息、高效对其进行再应用，以及信息的分享和传播。信息能力需要在日常学习工作中有意识地训练，当对以上五个步骤都很熟练时，获取信息的速度自然就会提高。

4. 解决问题能力

解决问题的能力涉及我们学习和生活的方方面面。在积极面对问题、解决问题的过程中，我们解决问题的能力才能得到锻炼，在未来行稳致远。

5. 英语能力

国际交流也是求是学子学习生活的一部分。良好的英语能力是我们与外国人沟通交流、阅读国外文献的基本保障。同时，英语能力的提高也有利于

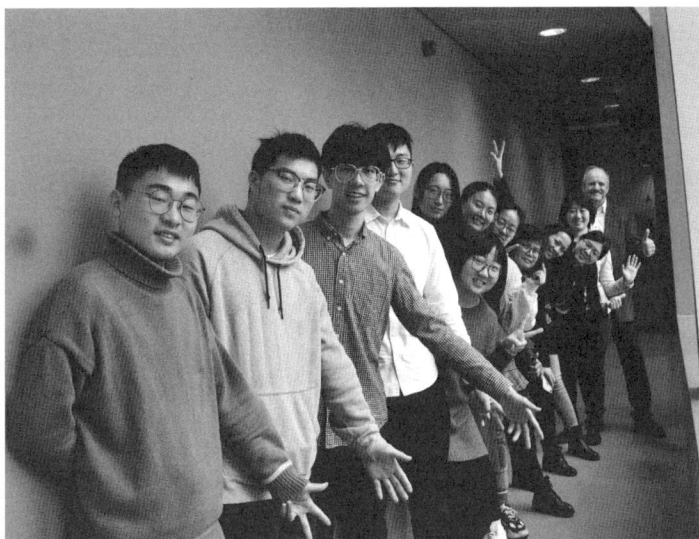

潘晟（左三）在荷兰格罗宁根大学交流

我们开拓国际视野、培养国际格局，帮助我们成为具有国际竞争力的科技人才。

我们每个人都有心中的远方，也有脚下的路途。虽然理想与现实之间总有一条鸿沟，但是行动可以成为那道桥梁。从今天开始，一步一个脚印，行远自迩，登高自卑，总有一天实现我们的价值。

学长寄语

祝愿同学们能够放眼未来，着眼当下，踏实走好每一步。

俱怀逸兴壮思飞，欲上青天揽明月

邓宇真

简介

姓名：李逸飞

平台：2017级竺可桢学院医学试验班

专业：临床医学

标签：科研、社会工作

　　古之立大事者，不唯有超世之才，亦必有坚忍不拔之志。在获得创新奖学金的光环背后，李逸飞必定有自己独到的经验之谈与奋斗历程。就让我们在接下来的访谈中去感受她不懈奋斗的坚韧与勇于开拓不断创新的豪情。

◎ 课内学业：胸藏文墨怀若谷，腹有诗书气自华

　　高质量地完成学业任务是学生不断良好发展的基石。李逸飞的学业一直名列前茅，在谈到她的学习秘籍时，她没有高谈阔论，而是聚焦在脚踏实地、不断坚持上，她说："学习方法感觉也没什么不一样的，如果可以的话，应在预习、学习、复习三方面都做到位。日常的学习没有什么取巧的方法，只有一步一个脚印，将所学的东西真正内化于心，才能做到游刃有余、融会贯通。"

　　学习的过程是枯燥的，如何在学习中保持动力、在遇到瓶颈期时顺利突破是许多同学不得不直面的问题。"明确目标、重视兴趣、适当休息"是李

逸飞在面对上述问题时给出的答案。

"表不正，不可求直影；的不明，不可责射中。"只有明确了自己现阶段学习的目标，才能更好地落实自己的学习计划，达到更好的学习效果。"兴趣是最好的老师，"她说，"学习有兴趣的课程时往往脱离了任务本身，而变成了一种享受。特别是在科研探索的过程中，会发现很多课程内含的知识不仅仅在课本之内，还有无比广阔的空间，在夯实科研基础、拓展科研思维的方向上大有可为。"除了目标和兴趣外，李逸飞说："有时候，动力也来源于授课教师，比如生化课程的史锋老师、发育生物学的陈军老师等，循循善诱、引人入胜的讲解往往能激发学生无穷的潜力与学习欲望。"

关于瓶颈期，李逸飞认为"放下背囊、适当休息后再上路往往比拖着疲惫的身躯勉强前行走得更远。"她还特别强调，休息是为了更好地出发而不是为了逃避，"从概念到概念之间的联系开始一点点啃，只有解决问题，才不会产生持久的困扰。如果自己无法完成的话，也可以适当向学长学姐或者老师求助，总之要直面问题。"万事开头难，她在总结自己的学习心得时特别强调："在学习新方向的时候，最重要的是概念与定义，并且在熟悉基本定义之后，依靠理解、查阅文献建立自己的思维框架。非常重要的是，最好留下学习笔记，一般来说，学习过程中我倾向于手写笔记，但最后的整理笔记会采取电子文档的形式。"（李逸飞推荐了文档整理工具——网页版语雀。）

在谈到自己的专业时，李逸飞坦然说道：自己之所以前四年选择生物科学专业，一方面是因为高中时对生物竞赛有过了解，另一方面也是兴趣使然，想要更好地了解生物和生命。信号传递与细胞通信、生物物理等是李逸飞最感兴趣的方向。李逸飞建议想要在生科方面取得进步的小伙伴们除了本身对生科有一定的兴趣外，最好还要对物理、化学、计算机等方向有所了解，以便在未来取得更好的成绩。

而在选课方面，李逸飞则鼓励同学们在能承受的范围内，将必修课程尽量提前修学，这样不仅可以空出较完整的时间进入实验室，为以后的科研铺

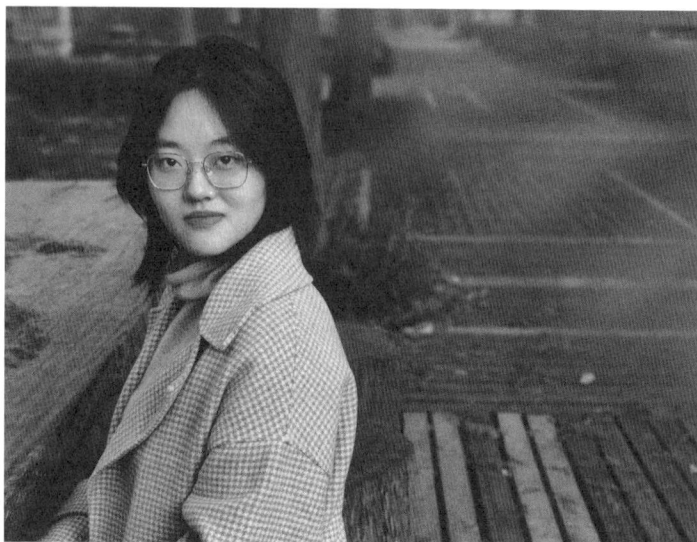

生活照1

平道路，而且部分专业课程之间有很多的交叉内容，如果在修完一定课程后回看，可能会有触类旁通的感觉，有助于对课程内容与专业体系的理解。李逸飞推荐大家在课程之余关注一下CNS及其子刊等专业类期刊，对个人的学业与科研都有很大的助益。

◎ 课外活动：读万卷书，行万里路

李逸飞不仅在学业上出类拔萃，而且参加了许多校内外的社团活动与志愿者活动，她坦言道：自己在学校与社会活动中收获了很多经验，也学到了很多书本之外的技能。

谈到为何热心于志愿者工作时，她说："我的志愿者活动大多在医院里。由于我的专业是临床医学，所以其实最开始的时候，我只是想提前去体验一下医院工作，后面是逐渐被工作内容吸引。在那种虽然互为陌生人但互帮互助的氛围中，我感受到了纯粹的关爱。这也是我认为志愿者活动中很珍贵的体验。"不把眼光局限在自己能得到什么，而是享受自己的奉献给他人、给社会带来的贡献，才能在志愿者活动中收获真正的成长。除此之外，李逸飞还特别强调，要想成为一名合格的志愿者，"较好的共情能力，以平和、分享的心态与他人进行有效沟通的能力，愿意为了特定的志愿者活动学习新事物、了解新方向的能力"是必不可少的。

而在学生工作方面，学姐也有自己独特的见解。她认为，要想出色地完成各种任务，主要需要关注以下两个方面：明确工作意义、面向对象等基本内容；策划组做出合理可行的规划，其余小组各司其职，并有良好的反馈沟通。而各种学生任务的完成需要依靠整个团队的力量。众所周知，团队要想高效地完成各种任务，关键在于营造良好的工作氛围。李逸飞认为，营造良好团队氛围的关键在于：①团队的工作要有切实重要的意义与目的，团队成员都理解且认同其意义及影响，并愿意为之付出努力。②团队成员有合格的能力。③工作实现较好的分工。④每次及时复盘，留下可回顾的工作经验。

"一个人可能走得很快，但一群人才能走得更远。"在学生组织与社团中历练自我、提升自我，学会与他人进行有效的沟通与高效的合作也是大学生的必修课。当然，要想在学业、学生组织、社团与社会实践工作等方面都有良好的发展，就必须做好时间规划。

李逸飞在谈到自己的时间管理时，强调要大而化小，逐级划分，把大的目标分解为小目标，落实在每一天的学习生活中。要定期（每月或每周）把最近要做的事情或目标列出来，大致划定每件事情的时间期限以及重要程度，每周安排一下每天要完成的事情，每天再根据具体的事情定一个时间表。但她并不赞成将时间全部排满的做法，而是每天要留出一定的机动时间应对计划之外的事情，这样才能做到从容不迫、处变不惊。

◎ 科研之路：纸上得来终觉浅，绝知此事要躬行

"路漫漫其修远兮，吾将上下而求索"或许是对李逸飞科研之路最好的描述。

生活照2

正所谓厚积薄发，李逸飞认为自己之所以能够在科研道路上做出不错的成绩，离不开以下几种能力。①较好的英语阅读能力以及总结能力。良好的英语能力是阅读国外优秀文献的基石，而且对撰写论文也是不可或缺的。当然，仅仅有良好的阅读能力是不够的，还要培养自己的总结能力，如果在阅读资料过后能够精准地提炼出有用的部分，将会极大地提高自己解决问题的效率。②团队成员之间有较好的沟通。许多科研成果都是集众人之力而成的，身在团队之中，只有具备良好的沟通能力，及时准确地向团队成员传递自己的想法与遇到的困难，才能提高团队整体的工作效率，早日取得科研成果。③踏实完成课题，不轻易放弃，在失败后积极探索。科研之路从来都不是一帆风顺的，难免会遇到各种各样的艰难险阻，经历失败与困境，在陷入瓶颈的时候，一定要戒骄戒躁，不轻易放弃，坚信经过努力一定会做出成绩。此外，在经历失败之后不能坐以待毙，而是积极地找寻解决思路，探索新方向。

在科研道路上，个人的努力固然重要，但是做好与导师之间的沟通也是重中之重。李逸飞认为，在与导师交流时一定要发挥自己的主观能动性与积

极性，"不要寄希望于老师追着你跑，要自己先了解课题组的情况，结合自己的兴趣，充分表达自己的意向，老师才能选择适合你的方向。在解决难题时，一定要发挥主观能动性，自己先积极查阅文献，思考解决方案，不要直接把问题丢给导师。只有你是一个踏实、积极解决问题的人，导师才能给你实质性的指导与帮助。"

李逸飞还强调，好的选择是科研成功的一半。在选择课题组时，除了查看课题组已发表的论文，确定其具体方向之外，最好提前询问一下进行相关项目的学长学姐，从而明确课题组研究方向与个人未来规划的契合度。只有对自己的选择方向有了充分的了解，才不至于在科研开始后有后悔、茫然等消极心理。

◎ 奖学金申请：问渠那得清如许，为有源头活水来

李逸飞在获得拔尖奖学金之前已有过多次获奖的经历。谈到自己的获奖经历，她认为奖学金评定时最重要的两个决定因素就是实力与表达。实力方面，"在参加社会工作、保证个人成绩、参与社会实践等基础上，非常重要的是科研经历与学术活动。"李逸飞建议同学们尽早做出职业规划，广泛了解各个学术方向并切实投入，如果能够做出成绩，将是一个强有力的加分项。表达方面，李逸飞认为在奖学金面试环节不卑不亢，说出个人经历并回答老师问题即可。自我介绍时，除了讲述学术方面等，还可强调政治面貌、社会工作、实践活动等，而申请表上的其他内容，如绩点等可以适当忽略。

青春是旋转的木马，每一圈都在追逐希望。相信在未来的人生旅途中，大家将焕发耀眼的光芒，挥洒独特的个性，畅想缤纷的明天。

导师寄语

爬最高的山，走最远的路，看最美的风景，不忘初心。

拥抱更多元的自己

徐宇航

简介

姓名：叶弘毅

平台：2017级竺可桢学院医学试验班

专业：自动化（控制）

标签：科研、自动化（控制）

"医者，仁也。"在浙之滨，有一群未来英才汇集在竺可桢学院医学试验班，怀揣着奉献和创新精神，以医者的使命和担当，在科研和学习领域卓有成效。

◎ 启航：信念为帆，实干为桨

当被问及为什么选择医学试验班，叶弘毅坦言，当时并没有想着一定要从医。他选择医学试验班主要有两个理由：第一个是从小受家庭影响，他对科研有着格外浓厚的兴趣，有志于成为在医学和工程领域卓越的研究型人才；第二个则是他一直想用自己所学的知识去帮助别人，若能帮助别人脱离困境、生活变得更好，他会感到快乐和有成就感。"所以我当时觉得一个是医生，一个是老师，这两个职业是我比较喜欢的。刚好在医学试验班这个平台，我学成以后既可以当医生，也可以当老师，还可以做研究。"

作为医学试验班的学生，叶弘毅并没有跟随主流，选择与医学强相关的专业作为本科的主修专业，而是选择了控制科学与工程。这个看似与医学相去甚远的专业方向，给他带来了比常人更大的学业压力。当被问及这样选择的理由时，他说："我比较想做医学和工程交叉的研究，因为本科培养方向是比较宽泛的，那我干脆就选一个比较宽泛的专业，然后多联系几个不同方向的导师，多做一些研究，最后找到正确的方向。"在当下以智能制造为主流的时代里，控制专业对现代医学有着不容小觑的帮助。两者间的交叉应用越来越广泛。

回首自己的本科生活，叶弘毅在大方向上一直提前规划，比如初入校时就很明确自己想做医学和工程交叉的科研。由于医学试验班的直博培养计划，叶弘毅得以跳出绩点的囹圄，相较于其他同学期末要花很多时间在应试上，他选择抽一些时间出来做自己想做的事，比如做科研。大一结束后，叶弘毅已经有了整体规划，不过在小方向上一直多次尝试，"摸着石头过河"。在科研时，他尝试过很多不同的方向，也做过很多段研究。"我就是不停地与老师交流，不停地在实验室跟一些课题，然后发现自己喜欢做什么、擅长做什么。科研其实就是一个多去尝试的过程，然后找到自己的兴趣点。不过大方向的规划还是要有的，要不然本科的时间很短，也很宝贵，一下子就过去了。"叶弘毅如是说。

生活照1

139

◎ **绩点：一念成魔，一念成佛**

当代大学生对绩点通常有两种极端的态度。叶弘毅认为绩点作为一个量化指标确实十分重要，尽量获得一个高绩点无可厚非。但期末考试比较密集，肯定难以每一门课都很充分地去复习，必然要做一些取舍。一般的同学都是采用刷一刷往年试卷的复习方式，很少通读课本。叶弘毅坦言自己大一上学期也采用了这种方式，但是很快发现这样做有很大的弊端，就是遗忘速度很快。"当后面再要用到这个知识的时候，你就会很痛苦，比如说你要把书翻出来再看一遍到底要怎么用，或者说在一些论文里看到别人用了某一个方法推导，会想到自己好像学过这个方法，但是完全忘记了。"这使得叶弘毅开始反思自己的学习方式。"所以，我后来复习的时候，就算时间比较紧，也不会像之前那样只去刷卷子了，而是主要把时间花在复习知识的结构上，尽量去理解老师的思路和教材的框架。"

与此同时，叶弘毅也告诉学弟学妹："虽然一些课在'微观'上影响很大，但是'宏观'上把自己该做的任务高质量完成，把整个知识基础打好，极个别课程稍有失利也没有很大的影响。因此，不必过分在乎一门课的成绩高低，不要陷入绩点泥潭。"

最终，叶弘毅找到了自己和绩点之间的一种平衡。正是由于这种和解的达成，他找到了自己的学习节奏，并一直保持着，连续三年获得了浙江大学一等奖学金。

◎ **科研：因为热爱，所以坚持**

当谈及未来规划时，叶弘毅表示自己有很大的可能往科研领域发展。受作为汉语言文学领域研究者的父母的言传身教，叶弘毅一直对科研生活充满热情，致力于用自己的研究为国家科技发展贡献力量。而对于科研，叶弘毅也结合自身经历给同学们提供了一些建议。

关于导师的选择，叶弘毅表示，自己在大二就已经联系导师。他认为导师的选择主要有两种：一种是资历深的老师，比如说学术声誉较高、职务较高的老师。这一类老师的个人资料一般比较多，此外，可以咨询他往届的学生，从而得到更可靠的评价和更全面的信息。另一种就是较为年轻的导师。年轻导师合作时会更加易于交流，相对而言，也会更耐心地指导本科生。叶弘毅表示自己的毕业设计就选择了与年轻导师合作。如果想选择这样的导师，他们的个人主页一般比较详细。总而言之，无论对哪个导师感兴趣，都可以大胆发邮件给他们咨询。

叶弘毅在大二时开始了自己的科研：从一无所知，到大量阅读文献后逐步对科研项目有所了解；从最初的仅仅协助敲代码，到后来的大展身手、独立科研。与此同时，他还要应对来自控制专业和医学专业的双专业课程，不断将自己的状态在记忆型学习和能力型学习之间切换。谈及这样

生活照2

生活照3

141

的困难，他很平淡地表示自己经过大一大二的历练，到大三阶段已经很有经验了。他还建议开始科研之后，可以向导师申请一个工位，实验室严谨的氛围对学习和科研都会有很大的帮助，也会有助于与实验室的学长学姐建立良好的友谊。

◎ 挫折：所遇一切，皆为幸运

当问起在科研过程中有没有遇到很大的打击时，叶弘毅分享了一个使他成长的故事。

之前，他参加了一个中科院的项目，制作了一副智能眼镜，用通过安装在太阳穴旁边的传感器来感受脉搏、测定心率等，并且通过一个运动算法把运动对它的影响降低，相比于其他的心率测量，结果好了非常多。在他沉浸于自己的成果，并想就此发表一篇论文时，这项提议没有得到导师的支持。他一度非常受挫，但是很快便释怀了。他说："科研中遇到挫折是很正常的，要时刻感激自己所学到的东西，这才是最宝贵的收获。"

在日常的学习中，叶弘毅也表示自己曾有过焦虑。"这些时候要把手头的研究做好，与老师保持好关系，充实自己的知识底子，多寻找可能发展的方向。"

最后，谈及接下来的规划，叶弘毅表示自己不仅想要修读医学博士，还想要修读哲学博士。他表示："人生就是不断走出舒适圈，不断挑战自己的过程。"

学长寄语

一个人的命运，不仅要靠自我奋斗，也要考虑历史的行程。扎实的知识储备与硬件背景会给予我们选择的权利；契合个人兴趣或时代潮流的选择能够助我们更上一层楼。

在光电之间探寻未来

叶之凡

简介

姓名：王湛依

平台：2017级竺可桢学院混合班

专业：光电信息科学与工程

标签：科研、光电

科研的生活精彩，她于光电之间寻找乐趣；科研的道路漫漫，她坚定梦想一路向前。我们有幸采访了浙江大学创新奖学金得主王湛依，听她介绍精彩的科研之路。

◎ 一、兴趣驱动，投身光电

在与王湛依沟通时，她介绍她选择的光电信息科学与工程是一个致力于光学领域前沿研究以及相关应用的学科，涉及的领域非常广泛，小到镜片设计，大到激光遥感，而且光学与其他学科交融而产生的交叉学科也有巨大的潜力，总而言之，这是一个前景广阔的学科。当时仅为大一的她对这方面产生了很大的兴趣，能够"了解光、操控光、利用光"对她而言非常具有吸引力。在有一定数理基础的情况下，加上浙江大学的光电学科水平在国内一直位列前茅，她非常果断地选择了该专业。

对于大一新生如何选择专业，最理想的情况是根据兴趣选择自己喜欢的

专业。但是如果没有明确的兴趣倾向，建议先按照专业列表排除自己"绝不会去选择的"学科，然后在了解一定的学科背景的情况下，综合考虑学科前景、自身能力以及其他影响因素，在剩余的学科中选择最佳选项。专业选择是入学之后面临的第一个比较重要的考验，虽然需要慎重考虑，但是也不必太过纠结犹豫，毕竟此后还有一次转专业的机会，后续若进修研究生也有重新选择的可能。

◎ 二、摸爬滚打，在科研中找寻方向

王湛依进行的是与阵列半导体激光器调谐相关的，半导体腔耦合激光器的调谐特性的相关研究。

1. 初进实验室

竺院的导师制为同学们提供了一个可以较早接触科研的平台。在选定了导师后，就可以进入实验室体验科研过程了。刚进入实验室的同学，一定要多问多学，不要怕麻烦导师和学长学姐，三言两语的点拨胜过闭门造车数日。除此之外，联系导师或学长学姐要主动，毕竟他们都有自己的事情要做，不太可能会主动联系一个在实验室里没什么贡献的本科生，如果想要在本科阶段做出点成绩来的话，主动性是必不可少的。

2. 选择方向

进入实验室之后的一大重要选择是确定具体的实验方向。王湛依在她进入实验室学习一段时间之后确认了将"共形变换在隐身和超分辨中的应用"作为自己的科研方向。对于为何选择这个方向，起初她是对光学隐身非常感兴趣，在决定参加SRTP后，和导师商议确定了光学隐身相关的选题，而"共形变换"正是实现光学隐身的一个重要原理。此后她阅读了许多文献，也增加了对光学共形变换以及基于此实现隐身的方法的理解，便开始一年的科研旅程，最终顺利完成了科研训练。

王湛依也给出了对选择方向的建议：最好还是基于自己的兴趣选择未来

的科研方向。科研方向是较宽泛的，而不是具体的课题方向。例如同学想要做激光方向，最终做的可能是激光器搭建，也可能是激光器性能调制，具体会做什么，还是要根据课题组的情况决定的。确定科研方向这个动作，其实应当在导师选择之前，根据方向选择最适合的导师。

3. 开始科研

当开始科研之后，大家常会为学习与科研时间的分配而苦恼。对于这个问题，王湛依这样说，在她进行科研训练的中后期，课业任务已经比较轻了，这保证了她能够留有充分的时间参与科研训练。在她看来，首先要确保自己有足够的时间集中投入课题研究中，否则就不要轻易开始。因为对于新手而言，阅读文献、熟悉操作、学习软件等无一不需要大量的时间，如果不能连续投入整块时间，很难有进展。因此，她建议同学们不要急着开始科研，应分清主次，在课业压力不大的时候再尝试科研入门，否则很可能应接不暇，到头来竹篮打水一场空。

与大部分人一样，王湛依在科研过程中也曾遇到过大大小小的困难。其

王湛依在无锡灵山大佛展览馆

中印象最深的是，在项目开题初期，她只是粗略地知道一些项目背景，对原理以及实现方法都一知半解。在迷茫之中，她选择大量阅读文献，从这个领域的开山之作开始，一点点学前人是如何做的、如何改进和发展的，虽然花费了大量的时间精力，不过也为后续工作顺利进行打下了基础。我们需要相信，遇到困难不可怕，认真去面对它并解决它才是真正应该做的。

经过这一年多的摸爬滚打，到最后有所成就，她很明显体会到科研是一项所有参与者长久积累的工作，很多时候自己所做的事情不过是在前人工作的基础之上，再小小地突破一点点而已。除此之外，很多情况下，科研不是容易的事，需要不断的努力和长久的坚持，有时候甚至需要一点运气。不过，无论经历过多少困难，在成果发表的那一刻，都会觉得一切都是值得的。

王湛依建议，在科研路上，应戒骄戒躁、砥砺前行。从初次了解到逐渐入门、初步建立起自己的学术目标，她都走得不急不躁、踏踏实实。相信在今后的科研路上，她会在光电这一领域绽放更绚烂的光彩。

学长寄语

预祝大家在未来的科研路上戒骄戒躁、砥砺前行！

上下求索，交叉求知

付伟康

简介

姓名：林九鸣

平台：2018级竺可桢学院交叉创新平台

专业：统计学

标签：科研、学习习惯、出国交流

上下求索，是在求前行的道路；交叉求知，是在求前行的力量。他来到"浙"里，带着理想与信念。作为一名优秀的竺院学子，他的求索求知之旅，值得我们驻足；里面的风雨、血汗与收获，也值得我们品读。

他叫林九鸣，来自竺可桢学院交叉创新平台。下面是他的经验与故事。

◎ 课内学习：稳扎稳打，实事求是

课内学习是大学学习的基础，也是大一大二学习的重中之重。作为一名主修课绩点从未低于4.5的学霸，林九鸣对课内学习有着自己独到的见解与方法。

关于选课，他认为选课的时候最容易犯的错误就是选太多学分，以至于有很多人只重学分数量而忽视了课程质量与自己的接受能力。在他看来，最理想的情况应该是根据个人情况进行选课，同时将学分控制在24~25学分。学分越多，留给自己的自由学习时间就相对越少，容错率就会大大下降，最后很有可能影响整体学习效率。

关于学习的内容，对于他而言，最重要的课程是英语方向、数学方向和计算机方向的课程。每个人都应该在自己的重要科目上多下功夫，分清楚主次，才能保证精力合理分配，打好基础。

在学习方法上，林九鸣喜欢用iPad记笔记，但是他使用笔记

林九鸣接受采访

的方法可谓独一无二。一门课程，他一共要做三次笔记：第一次，跟着老师的授课理清课程的脉络，理解各个知识点；第二次，在考前4~5周的时候，把笔记进行一次精简化处理，用三种颜色的笔分别书写主干知识、证明（推导）过程、经典题型；第三次，在临近考试的时候，将原本的笔记进行一次复制，然后用色块将需要背诵的重点全部盖住，一点一点在检验中记忆重点内容。

此外，对于日常学习他还有一些自己的小技巧：①对于基础课程或者自己自学过的，可以选择性听讲，提高时间利用效率。②对于重点课程，要善于利用课程回放。不单是那些觉得还没有听懂的同学可以利用课堂回放进一步理解老师讲课的思路，那些自己觉得已经完全理解的同学也可以开倍速回放一遍，如果也能完全理解老师的思路，就说明这堂课是真正听懂了。

林九鸣还有一个习惯：每周计划下周的时间。首先他会将任务进行分类，如日常的预习复习、学期大作业、课外活动、科研等；然后制作时间轴，落实每一段时间的具体工作。通过这种列计划的形式，他可以将各方面繁杂的任务安排妥当，保证时间被充分利用。同时，他也留出了一定的机动时间根据需要进行分配，应对突发情况，防止"计划跟不上变化"。

对于一些具体科目的学习，他也有自己的心得与大家分享：对于数学分

析，要重点完成老师课堂上强调的题目与重点讲解的作业；对于线性代数，则要利用好课后习题；对于程序设计等学科，不妨去买一本历年题集进行针对性训练。

◎ 学生活动：兴趣、担当、传承

除了课内学习的勤奋与严谨，林九鸣还有丰富多彩的课余生活。作为一个动漫爱好者，他是浙江大学Fantasy动漫社的部员；2019—2020学年，林九鸣担任浙江大学竺可桢学院学生会学术部部长，在他的带领下，部门圆满完成了诺奖解读、新生辩论赛等一系列活动。在这个过程里，他和部门里面的新人们一起克服了种种困难与挑战，锻炼了自己的抗压能力和组织能力。他还为部门做了认真详尽的规划，将学术部的精神和内部文化一代一代地传承下去，这也是他所说的"使命感"。

林九鸣在学习

◎ 对外交流：教学与科研的融合

除了学校内外的学习生活实践，林九鸣还积极参与学校组织的对外交流项目，深入体会不同文化、教育环境下大学教学方式与氛围的差异，提升自己的国际视野。

早在大一的暑假，林九鸣就主动申请参与了一次前往麻省理工学院（MIT）进行暑期交流的活动。在那里，不同的学习模式给他留下了深刻的印象，而两种各有特色的环境的差异也让他在思考之后有了更加独到的

林九鸣与学术部部员合影

见解，并认识到了对外交流的意义所在。在他看来，出国交流让他收获了许多。

首先，他了解了自己感兴趣的领域的概况，拓宽了自己的视野。世界名校在它们领先的学科有着多年的积淀，在许多前沿领域有着开创性的成果。其次，对外交流让他有机会结识许多志同道合的同伴与该方向的教授。林九鸣去MIT的那次交流，就才大一的他结识了许多和他科研方向相近的学长，并且在与他们的日后交流中获得了许多宝贵的经验。最后，对外交流让他对不同教育方式之间的差异有了更深刻的体会。例如，在教育评价体系上，MIT更重视过程收获而非考核结果，因此，在课堂上，同学们积极与老师互动，分享自己的思考。同时，老师在安排课后训练时，也更加倾向于布置需要合作的大作业，这样既锻炼了同学们的个人能力，也提升了合作能力。当然，MIT也与中国的顶尖大学有着许多相同之处。如同学们有着同样繁重的学业压力、紧张有序的学习生活、更高的自我要求；老师们既注重教学，也重视科研等。

◎ 竞赛与科研：脚踏实地，仰望星空

关于竞赛，林九鸣认为最重要的是根据自己的专业与兴趣选择竞赛。选择的同时，也要注意竞赛的几个特点。首先是竞赛的含金量。它决定了这次竞赛对于你的意义，从而来权衡应投入的精力。其次是竞赛的获奖难度。参加一些竞争非常激烈的竞赛难以有所收获，反而会在耗费大量时间精力之后挫伤积极性。因此，不要贸然挑战一些获奖难度大的竞赛。最后要注意竞赛的能力要求。不同的竞赛对参赛者的能力要求不同，这也将决定你在竞赛团队中的定位。确定目标之后，就可以进行有针对性的准备。比如，如果要参加美国大学生数学建模大赛，团队中就既要有数学能力、计算机能力较强的人，也要有模型相关专业知识水平较高的人。

关于科研，林九鸣认为首先应该注意的是，科研并不适合所有人。只有真正热爱科研的同学才能在科研的道路上行稳致远。对于竺院同学，首先要确立方向，方向的确立最重要的是结合自己的兴趣与专业；然后对某些感兴趣的方向进行具体了解。而对于那些还不大了解自己的同学，也可以参考一些外部因素，如学校优势方向等。在确立了方向之后，首先要学好相关课程的基础内容。同时要着手联系导师，导师将会根据你的实际情况安排一些需要自行学习的、超出课程学习范围的内容。将之完成后，就可以和导师商量，由导师指定一个课题，即研究方向。然后，就开始大量阅读文献。林九鸣比较推荐的方法是先阅读论文的引文，因为一般而言引文的内容更为基础，更有利于积累该方向的基础知识。在完成了基础知识的积累后，便可以开始推进课题。在推进过程中，如果遇到问题，要多与导师沟通交流，导师会给出具有可执行性的解决方案，从而逐渐推进课题研究进度。此外，与实验室里的学长学姐进行交流也是非常有益的，他们能够给出许多自己的意见和经验。同时，他们会给本科生一些简单的任务。完成这些任务，可以在夯实自己的学科基础的同时，了解一些科研流程。

比如，林九鸣曾经和一位学姐进行过一个关于推荐系统的协同过滤算法

的研究项目。他们首先查找相关论文，得到具有研究价值的案例，从中得到启发，产生自己的想法。而项目在寻找替换的domain（域）时遇到了困难，由于对于该类算法不够熟悉，林九鸣一开始时花了大量的时间也没能找到域的具体区块。而在团队一起共同协作解决这个问题之后，又陷入了因代码能力不足而难以正确定义结构的困境。最终，在经过了一次次的试错、经验

林九鸣参加爱国主义活动

积累与学习相关内容之后，林九鸣终于编出了按照自己的规划正常运行的算法。他在该方向有了更多的经验积累，也更加明白了科研对能力的要求。首先一定是自学能力。科研所需的专业知识远超课堂学习的基础要求，因此，具有自学能力是投入科研的基本要求。其次是沟通能力。一个科研项目需要许多人的共同努力，而经验的积累也离不开老师和学长们的指导，这都需要沟通交流。最后是抗压能力。科研中难免遇到一些困境，可能是因为经验缺失或专业知识不足，而这些带来的不确定性都需要强大的抗压能力去克服，最终取得成果。

◎ 结语

对于未来，林九鸣已经在心底定下了长远的规划与目标。他准备保持学习状态，争取出国进行科研深造，然后结合前沿形势探索新模式新方法，致力于数据科学的实际应用。他的人生目标是成为我国数据科学领域的领军人才。

学长寄语

要让自己的大学生活充实而有意义，需要做好两件事：选择、努力。选择，可以是职业的规划、科研的计划，可以是一个社团、组织的加入，也可能仅仅是一门课程的选择。在大大小小的选择面前，如果能多考虑一步，或许会有更好的结果。当做出好的选择，我们的努力才有正确的方向，追逐繁星的我们才能真正地接近星空。希望每个竺院学子都能秉志前行，为实现自己的梦想、国家的梦想而不懈奋斗。